**Gebrauchsanweisung
für Düsseldorf**

Harald Hordych

Gebrauchsanweisung für Düsseldorf

Piper München Zürich

Mehr über unsere Autoren und Bücher:
www.piper.de

Für Barbara, Anna und Paul

ISBN 978-3-492-27578-1
© Piper Verlag GmbH, München 2010
Satz: le-tex publishing services GmbH, Leipzig
Druck und Bindung: CPI – Clausen & Bosse, Leck
Printed in Germany

Es gab Abende, wo man nicht aus dem Lachen kam.
Johann Wolfgang von Goethe,
»Die Kampagne in Frankreich 1792«,
Besuch in Pempelfort

Ich bleibe gern in dieser Stadt,
obwohl sie wenig Besonderes hat,
sie ist ein Stück von mir, das niemals fertig wird.
Peter Hein, »Family 5«, Das Blaue vom Himmel

Inhalt

Einleitung	9
Mittendrin und voll daneben	16
Typisch rheinisch	20
Lot jonn	28
»Dat is jute Kunst«	41
Rühmlichster Duldungsgeist	54
Wo keiner hingeht, aber alle sind	65
Lecker Dröpke	76
Op dä schäl Sick	81
Mehr als Sushi und Reiswein	89
Der Weltstadt-Moment	98
Heimlicher Aufwand	104
Das Beste rausholen	110
Darum ist es am Rhein so schön	120
In der Strukturwandelhalle	130
Immer am Wasser entlang	135
Ganz ehrlich gelogen	141

Vom Lärm der neuen Zeit	**148**
Immer Ärger mit Harry	**159**
Neusser Kombinationen	**164**
Nicht immer nur Gewinner	**178**
Kleine Straßenkunde	**184**
Stadtteil-Nachrichten	**191**
Nicht immer stadt-haft	**194**
Kleine Geheimnisse	**203**
Weit weg und nahe dran	**212**
Schluss mit lustig	**219**

Danke für die Unterstützung
meinen Düsseldorfer Freunden
Dieter Brandecker, Reinhard Fischer und Hans Hoff,
die mir jederzeit mit Rat und
Unterkunft geholfen haben.

Einleitung

Was ist bloß mit dir los, Düsseldorf? Landeshauptstadt von Nordrhein-Westfalen, Sitz bedeutender Unternehmen, seriös bis in die Rheinturmspitze – und doch ein Fall für die Couch, für den Therapeuten, der immer wieder fragen muss: Warum bist du dir so sicher, dass die Leute dich nicht mögen? Was wirft man dir denn eigentlich vor? Sagen wirklich alle, du seist großmäulig, eingebildet, oberflächlich? Wo ist denn dein sprichwörtliches Selbstbewusstsein?

Dann ist es still im Zimmer, die Uhr tickt. Aus einer Kneipe schallt ein Lied auf die Straße. Es ist das Altbierlied, gebrüllt von den »Toten Hosen«. Der Therapeut wiegt den Kopf, der Patient wippt mit den Füßen. Beide lächeln geheimnisvoll, versunken in Erinnerungen. Dann steht der Patient ruckartig auf. Rückt seine Krawatte gerade, schaut dem Therapeuten fest ins Gesicht und sagt: Ich muss zurück zu meinen Geschäften! Der Therapeut lächelt ein leises, verständnisvolles Lächeln. Und klopft dem Patienten beim Hinaustreten auf die Schulter, was er sonst nie tut. Da dreht sich der Patient in der Tür noch einmal um, verzieht das Gesicht zu einem fulminanten Lächeln und sagt laut, vielleicht eine Spur zu laut: »Is dat Läwe nit herrlech?«

Und der Therapeut antwortet: »Mer losse uns dat Läwe nit vermeese.«

Eine Gebrauchsanweisung für Düsseldorf aus der Feder von jemandem, der sich selbst nur als Wahldüsseldorfer bezeichnen darf? Der erst von woanders dort hin- und dann nach 20 Jahren wieder weggezogen ist? Frechheit, sollte man meinen. Aber wenn man etwas wirklich will, findet man immer gute Gründe. Meine sind: Eine spät entwickelte, dafür aber umso belastbarere Zuneigung zu einer Stadt, die ich mit 21 erst kennengelernt habe. Und eine große Verwunderung, als ich beim Piper Verlag für seine schöne Gebrauchsanweisungsreihe einen entsprechenden Vorschlag machte (in dem Glauben, es wäre längst ein Buch solcher Art geplant) und mich fragen lassen musste, wozu man denn in Gottes Namen ein Düsseldorf-Buch brauche? Es gebe doch schon eines über Köln und ein anderes über das Ruhrgebiet.

Das hat Düsseldorf nicht verdient, dachte ich.

Und schwieg. Selbst wenn er seiner Stadt den Rücken zugewandt hat, wird der Düsseldorfer nicht gern verschmäht, das ist er nicht gewöhnt. Düsseldorfer stehen der Welt positiv gegenüber, da dürfen sie wohl von der Welt das Gleiche erwarten. Als Jahre später doch der Auftrag folgte, dieses Buch zu schreiben, war nicht nur der zeitliche Abstand zu meiner Wahlheimatstadt gewachsen, sondern auch meine Zuneigung zu ihr. Vielleicht auch aus Trotz.

Doch durfte ich den Piper-Leuten böse sein? Das sind Münchner, Nicht-Düsseldorfer. Die Reaktion war typisch. Düsseldorf wird gern auf die leichte Schulter genommen. Hamburg, Berlin und München streiten sich seit Jahr und Tag darum, welches die tollste Stadt von ganz Deutschland ist. Frankfurt am Main ist immer der Buhmann, aber zumindest in der Diskussion. Köln ist der ewige Geheimtipp – allerdings nur bei den Kölnern. Der Osten genießt einen gewissen Respekt, man will schließlich niemanden kränken. Und Düsseldorf? Hat wenigstens ein unverwechselbares Image.

Aber was für eins! Ein glattes, schickes. Wie ein Geschäft, wo alles viel zu teuer und pompös aussieht, andererseits aber Karnevalsfummel verkauft werden. Und Ölschinken, auf denen man nichts erkennen kann – moderne Kunst! Angeberhaft und albern. Im Laufe der Jahre habe ich eine Erfahrung gemacht: Wenn der Name Düsseldorf fällt, ist die Reaktion immer dieselbe, besonders im Süden. Die Leute werden fröhlich, jedenfalls im Rahmen ihrer Möglichkeiten. Sie schmunzeln. Wenn sie nicht gar bis über beide Ohren grinsen.

Düsseldorf ist der kürzeste Witz, den man in Deutschland erzählen kann. Allein dafür hat es sich gelohnt, aus der Stadt wegzuziehen. Zu sagen, dass man aus Düsseldorf kommt, löst mit Sicherheit Gekicher aus. Versuchen Sie mal, mit »Bremen« oder »Essen« oder »Wuppertal« oder »Hannover« gute Laune zu verbreiten – da fangen die Leute allenfalls an zu weinen (im Fall von Bremen übrigens zu Unrecht). Düsseldorf ist ein Wort wie ein Aufputschmittel. Gratis zu haben. Als ich im Rahmen einer Recherche für einen Artikel über das legendäre Münchner Oktoberfest-Varieté »Schichtl« öffentlich geköpft werden sollte, fragte mich der Henker nach meiner Herkunft. Wahrheitsgemäß nannte ich Düsseldorf.

15 Vorstellungen dieses Varietés habe ich miterlebt. Ich war der einzige Geköpfte, bei dem die Zuschauer sofort jede Zurückhaltung aufgaben. Sie zeigten lachend mit dem Finger auf mich und stießen laute verzückte Schreie aus. Als sie sich schließlich wieder eingekriegt hatten, stimmten sie ein Lied an. Sie ahnen welches? Dazu gleich mehr.

Das ist der Fluch Düsseldorfs. Aber ist es nicht auch seine große Chance? Die Stadt hat sich ein paar Klischees erobert, die peinlich sein mögen, aber zumindest sind sie alles andere als langweilig. Andere Städte sollten sie darum beneiden. »Schickimicki« zum Beispiel. Oder dieser Schlager von Dorthe Kollo, der schon über 40 Jahre alt ist, aber immer noch in unseren Gehirnen rumtobt wie gestern: »Wärst du doch in Düsseldorf geblieben, schöner Playboy, du wirst nie ein Cowboy sein.« Genau. Ein feiner Mann fällt in Arizona vom Pferd. Er stammt aus Düsseldorf. Mehr braucht eine Stadt nicht, um sich für alle Zeiten lächerlich zu machen.

Doch das ist nicht alles. Eitel und oberflächlich zu sein, ist das eine. Aber dann auch noch mit der Werbeformel von der »längsten Theke der Welt« anzukommen, ausgerechnet dort, wo andere deutsche Städte ihr Rathaus, wenn nicht ihren Dom haben, das muss man erst mal bringen. Gemessen an der Seriosität, die man von der Landeshauptstadt als »Schreibtisch des Ruhrgebiets« eigentlich erwarten dürfte, ist diese ins Land hinausposaunte Leichtlebigkeit schon ein besonderer Fall.

Übrigens ist das Rathaus natürlich auch mitten im Zentrum, nur läuft man in Düsseldorf einfach daran vorbei, weil es zwar schöner, aber kaum größer ist als die Kneipen drum herum. 200 Kneipen auf einem Haufen machen jedweden Hort weltlicher oder geistlicher Ordnung unsichtbar.

Nie werde ich vergessen, wie ich einem zur Ungeduld neigenden Münchner einmal von Düsseldorf erzählen wollte und abkürzungshalber die »längste Theke der Welt« erwähnte. Der gequälte Blick, den er mir zuwarf, war ein weiterer Impuls für dieses Buch. Es mag vielleicht behämmert sein, sich so einen Slogan einfallen zu lassen. An sich ist die Altstadt aber gar nicht so übel. Sie werden davon lesen.

Düsseldorf haut also mächtig auf die Pauke, macht sich größer, als es ist, und findet sich ganz toll. Dabei ist es doch, wie der Name schon sagt, nur ein Dorf! Spätestens an diesem Punkt des Gedankengangs würde man das Reiseticket am liebsten wieder abgeben, falls man nicht zu einem Kegelklub oder zur deutschen Künstlerelite gehört. Was aber steckt hinter diesen Klischees? Wie passt das alles zusammen?

Mit 550 000 Einwohnern noch das Dorf zu sein, das man in seinem Namen trägt, überschaubar, eng und ungefährlich, zugleich aber mit großsprecherischen Attributen beschwert, die sonst eher Weltstädten angehängt werden. Werbung, Mode, Kunst, die normalerweise das Geschäft von Metropolen sind, gehören für Düsseldorf zum Tagesbetrieb – nicht nur beim Angeben, sondern auch beim Arbeiten. Für eine Stadt, die sechs Mal kleiner ist als Berlin, finde ich das bemerkenswert. Düsseldorf hält sich auf halsbrecherische Weise zwischen volkstümlich und glamourös, zwischen ganz klein und ganz groß, zwischen bescheiden und überheblich. Man muss sich vor Augen halten, was das für eine Aufgabe ist: Selbstverwirklichung zwischen Dorf und Weltstadt, zwischen Kappes Hamm und New York.

Düsseldorf kriegt das hin, irgendwie, auf seine eigene, irgendwie lustige Art und Weise, aber es klappt. Ist das nicht unglaublich sympathisch? Und anregend?

Aus einem gewissen Abstand bekommt man diesen Widerspruch besser mit als in Düsseldorf selbst, wo er tagtäglich gelebt wird. Irgendwann sagt man sich: Hallo! Leute! Aufwachen! Düsseldorf ist mehr als Schickimicki, als die Kö, die Altstadt und jahaaa, Karneval. Auch wenn nur ein paar Meter das eine vom anderen trennen und dazwischen einige der besten Hotels Deutschlands liegen, auf halbem Weg zwischen einem sehr feinen Supersnob-Boulevard und einem sehr lauten Ballermann-Boulevard. Schon an der nächsten Straße endet diese Altstadt, und es beginnt eine neue, die vollkommen anders ist.

Was Düsseldorf ausmacht, ist seine Vielseitigkeit. Man sagt, in großen Städten ist viel Leben, weil dort viele Menschen sind. Das mag sein, aber oft bekommt man davon nicht viel mit, es sei denn, man mietet sich ein Taxi und rast den ganzen Tag von einem Stadtteil zum nächsten, um möglichst viele verschiedene »Gesichter« einer Stadt zu sehen. Nein, meine Damen und Herren, sparen Sie sich das Taxigeld, kommen Sie nach Düsseldorf, und entdecken Sie seine Klischees neu.

Wenn Sie Spaß an einer Direktheit, Offenheit und Quirligkeit haben, die vielleicht typisch rheinisch, aber gewiss nicht typisch deutsch ist, dann sind Sie hier richtig.

Ja, Düsseldorf ist lebensfroh. Aber nicht, weil sich die Leute den ganzen Tag Witze erzählen würden, sondern weil hier alle auf engem Raum aufeinander losgelassen werden, aber dabei trotzdem nicht schlecht gelaunt, sondern eher sehr munter werden. Düsseldorf mag Menschen. Auch solche, die die Stadt für total bekloppt halten und mit dem wahren, nämlich ihrem eigenen Düsseldorf, im Grunde nichts zu tun haben.

Gleich noch mal: Düsseldorf mag Menschen. Ein Wahnsinnssatz, oder? Wer so was von sich gibt, ist vermutlich nicht ganz ernst zu nehmen. Aber genau darum geht es in diesem Buch, nämlich zu erklären, warum man in Düsseldorf viel Spaß haben kann, ohne dafür auf geistige Anregungen verzichten zu müssen.

Wer so wie ich Düsseldorf verlässt, begreift eines Tages, früher oder später, dass er eine Stadt aufgegeben hat, die vielleicht kleiner war als andere, aber in punkto Lebensqualität eine große Nummer. Eine Stadt, der man umso mehr nachtrauert, je länger man fort ist. Düsseldorf von all seinen Seiten intensiv kennenzulernen, heißt, sich selbst kennenzulernen. Einfach so, aus Spaß an dieser ein bisschen vorlauten, nervenden, anstrengenden, wichtigtuerischen, albernen, kurz: sehr lebendigen Stadt. Weil »dat Bisschen« in der Summe auch wieder sehr viel ist.

Für mich persönlich das Schönste an diesem Buch war die Erkenntnis, dass Düsseldorf nicht nur eine Reise wert ist, sondern vor allem auch: eine Rückkehr.

Mittendrin und voll daneben

Wie wichtig der falsche erste Eindruck ist

Was ist das Rheinland? Sagen wir erst mal, es ist laut, fröhlich und gemütlich. Über die Erfahrungstatsachen, die davon gar nicht so weit abweichen, reden wir später.

Im Rheinland sprechen die Menschen schneller, als sie denken. Es gibt natürlich Ausnahmen, die die Regel aber nur bestätigen, und deshalb sage ich gern und mit Freude, was ich aus eigener Erfahrung weiß: Rheinländer quasseln gern drauflos. Was sie dann sagen, entlarven sie im nächsten Augenblick als totalen Unfug, um es am Ende doch wieder zu bestätigen, nämlich mit den Worten: Trotzdem, genau so is dat, wirklich, dat stimmt ab – so – lut! Womöglich war ich zu lange Rheinländer, um nicht auch selbst in dieses Muster zu verfallen. Aber es hilft nichts, ein Buch über Düsseldorf muss im Prinzip des gelebten Widerspruchs seinen Ausgangspunkt finden. Also beginnen wir dort, wo man mit Düsseldorf auf gar keinen Fall beginnen sollte.

Also: Wo, bitte, ist der falsche und in Wirklichkeit natürlich einzig richtige Weg?

Wer in Düsseldorf am Hauptbahnhof ankommt, merkt auf Anhieb, dass man sich in einer Schickimicki-Stadt vorkommen kann, als wäre man absolut fehl am Platz, aber trotzdem genau am richtigen Ort zur richtigen Zeit.

In Düsseldorf hält sich deshalb auch hartnäckig das Gerücht, es gebe eine gute und eine schlechte Bahnhofsseite der Stadt, wobei die gute Seite, gottbefohlen, im Bahnhof selbst beginne. Sogar die ehrenwerte ZEIT glaubte, kurz nach der Eröffnung des neu errichteten Hauptbahnhofs bejubeln zu müssen, was für eine feine Ladenstraße und geradezu gute Stube die Bundesbahn den Düsseldorfern da ins Zentrum gesetzt habe. Dabei ist diese Aneinanderreihung von Shops und Kneipen eigentlich bloß der gescheiterte Versuch, ein schummrig beleuchtetes Wohnzimmer mit niedriger Decke auf 200 Meter zu verlängern und auch noch Shops reinzustopfen. Die unvermeidliche Folge ist Platzangst.

Wer diesem deprimierenden Fußgängertunnel entkommen ist, findet sich entweder auf dem Bahnhofsvorplatz wieder, der nach Westen, also Richtung Innenstadt weist, oder er hat sich nach Osten und damit jenem Teil der Stadt zugewandt, der »hinterm Bahnhof« genannt wird. Vor ihm liegt dann der Stadtteil Oberbilk mit seinen türkischen und arabischen Geschäften sowie dem Rotlichtbezirk. Der große Kontakthof, zu dem der Besucher dann gelangt, trägt den Namen »Hinterm Bahndamm«. Den Begriff »Kontakthof« kann man sich hier schon mal einprägen.

Die Düsseldorfer gehen in kollektiver Verblendung davon aus, dass die andere Seite, die Innenstadtseite, die repräsentative, im Zweifelsfall die richtige, weltstädtische Seite ihrer schönen Stadt sei. Allerdings tun sie seit Jahrzehnten nichts dafür, diesem Anspruch auch gerecht zu werden. Wer vom Bahnhof kommt und das schicke Zentrum sucht, wer sich Düsseldorf als Weltstädtchen oder Klein-Paris vorgestellt hat, dem steht also unweigerlich eine Desillusionierung bevor, diesseits des Bahnhofs ebenso wie jenseits davon. Statt die Immermannstraße einzuschlagen, kann er ebenso gut die Graf-Adolf-Straße entlangstapfen, einen Spaziergang durch den tristen Düsseldorfer Alltag unternehmen, vorbei an Drogenabhängigen in Buswartehäuschen, an Sexshops, Billig-Telefon-Läden, Ein-Euro-Krimskrams und Kneipen ohne einen einzigen lachenden Rheinländer. Es sei denn, es fällt gerade einer feixend in seine eigene Kotze. Also eine Straße, wie es sie in jeder anderen Ruhrgebietsstadt auch gibt.

Und wer schlussendlich alles falsch macht, der geht vom Bahnhofsvorplatz weder halb links noch geradeaus, sondern nach rechts, zum berühmt-berüchtigten Worringer Platz, wo ihn augenblicklich die Verzweiflung über die Ungerechtigkeit der Welt und das harte Los bisweilen überforderter Stadtplaner ergreifen wird. Hier entlädt sich der ganze Düsseldorfer Alt-Malocher-Charme. Alles, was gebraucht wurde, um Verkehr und Waren fließen zu lassen, hat man seinerzeit hier hingepackt. Nur ein paar Hundert Meter weiter qualmten einst riesige Kesselwerke, schwärzten mit ihrem Dreck den Himmel und die Fassaden der Häuser.

Ja, auch das ist Düsseldorf. Oder besser, das war Düsseldorf einmal: eine große Industriestadt – nicht nur ein Schreibtisch. Mittlerweile sind die Fabriken längst abgerissen, und zudem wurde mehr als die Hälfte der Stadt im Krieg zerstört. Beim Wiederaufbau war man nicht zimperlich und nutzte die Chance für ein paar schön breite, aber nicht unbedingt schöne neue Straßenzüge.

Um Düsseldorf zu verstehen, muss man unbedingt am Bahnhof ankommen. Dann sieht man, dass diese Stadt einen langen Anlauf zu sich selbst nimmt. Dass das Beste, wie in vielen anderen Städten auch, irgendwo in der Mitte liegt. Aber nicht im streng geografischen Sinne.

Als Ausgangspunkt einer Stadterkundung hat der Bahnhof darüber hinaus einen unschätzbaren Vorteil: Um ins Innere der Stadt vorzudringen, braucht man nicht gerade das goldene Wanderabzeichen. Und mit jedem Schritt wird deutlicher, dass es nicht nur immer besser werden *kann*, sondern tatsächlich immer besser *wird*. Bis es dann jenseits der Berliner Allee richtig losgeht, mit genau dem schönen Schein des vorgeblich wahren Düsseldorfs, dem man sich nach so viel Malocher-Ehrlichkeit im Grunde seines bestechlichen Herzens doch wieder gerne zuwendet. Mit dem prächtigen Stadtzentrum, das erstaunlich klein und zugleich erstaunlich groß ist. Eine Weltstadtbühne im Märklin-Format. Großspurig? Ach woher. Eher Größe H-Null.

Typisch rheinisch

Warum man aus Klischees keine falschen Schlüsse ziehen sollte

Unter deutschen Landsmännern ist der Rheinländer aufgrund einiger prägnanter Wesensmerkmale stets deutlich zu erkennen. Daran ist er zum größten Teil selbst schuld. Wer sogar beim Sprechen singt, braucht sich nicht zu wundern, wenn er als lustiger Vogel kategorisiert und fortan nicht mehr ganz ernst genommen wird. Der Rheinländer sagt zu jedermann »Leewe Jong« und haut sogar seinem Chef fröhlich auf die Schulter. Er erzählt einem neuen Bekannten sofort alles über sein Leben, erkennt ihn aber am nächsten Tag nicht wieder.

Wenn ein Rheinländer in eine Kochshow hineingerät, bei der die anderen Teilnehmer alle Sachsen, Bayern, Hanseaten oder Schwaben sind, allesamt ehrlich und geradeheraus, typisch deutsch eben, dann wird der Rheinländer unweigerlich anfangen, Witze zu reißen. Pardon wird nicht gegeben, der Rheinländer ist eine Stimmungskanone.

Dies ist die Substanz des Rheinischen selbst. Sie ist das Ergebnis frühkindlicher Prägung, die Folge unzähliger im Kreis der Familie live im Fernsehen verfolgter Karnevalsumzüge und Prunksitzungen, die in voller Länge auf Video mitgeschnitten wurden. Dass die »rheinische Frohnatur« auch ihre Grenzen hat, merkt man freilich, sobald man dem Rheinländer tagtäglich gegenübersitzt, zum Beispiel im Büro. Man macht sich dann allmählich bewusst, dass eine ganze Menge von Städten am Rhein liegen. Und dass auch Menschen wie Jupp Heynckes und Berti Vogts Rheinländer sind. Genauer gesagt, sogar Niederrheiner.

Hier stellt sich die erste wichtige Frage: Beginnt der Niederrhein in Düsseldorf? Nein, aber im Leben nicht, muss man da rheinisch sagen. Ist der Niederrhein also weit weg? Aber nie, muss man da antworten. Der Niederrhein, um es mit der rheinischen Kompromissformel auszudrücken, fängt gleich irgendwo hinter Düsseldorf an. Was das bedeutet? Jupp Heynckes und Berti Vogts sind ganz klar Niederrheiner. Niemand käme auf die Idee, sie einfach nur als typische Rheinländer zu sehen. Weit davon entfernt, wie Reiner Calmund jedwede Mannschaftssitzung zu sprengen, haben Jupp Heynckes und Berti Vogts etwas ganz anderes gemeinsam: eine große Empfindsamkeit. So schnell wie Heynckes an seinen Gegenspielern vorbeidribbelte, so rasch wirken diese Männer gekränkt. Wenn sie sich persönlich angegriffen fühlen, steht ihnen das sogleich ins Gesicht geschrieben.

Präsentiert sich so nur der Mensch, der hinter Düsseldorf beginnt, der Niederrheiner? Oder gibt es eine Schnittmenge aus beiden Klischees, die man als knallhart recherchierte Lebensrealität bezeichnen könnte?

Da man im Leben nicht ewig Zeit hat, neigt man dazu, persönliche Erfahrungen zu verallgemeinern. Ich hatte mehrere Schlüsselerlebnisse, die mir die Natur des Düsseldorfer Rheinländers deutlich vor Augen geführt haben. Eines liegt nur ein paar Monate zurück, und es widerfuhr mir wie eine große Bestätigung. Bei einem Interview mit dem Vermögensforscher Prof. Dr. Thomas Druyen geschah etwas, was mir in unzähligen früheren Interviews noch nie passiert war (und mir bislang auch nicht wieder passiert ist). Nachdem wir übereinstimmend festgestellt hatten, dass für diesen Tag und zu diesem Thema vorläufig alles gesagt war, fragte Druyen auf der Stelle und mit großer Ernsthaftigkeit: »Und? Wann gehen wir beide ein Bier trinken?«

Ich arbeite seit 20 Jahren als Journalist. So etwas war mir noch nie passiert. Leider. Nicht mal in Düsseldorf, weil der Planungsdezernent oder der Künstler so was nun mal nicht sagt, selbst am schönen Rhein nicht, jedenfalls nicht zum Journalisten. Aber Druyen ist von Geburt Niederrheiner und aus Überzeugung Düsseldorfer. Was sich bei einer solchen Kombination im Zweifelsfall durchsetzt, ist also eher das Rheinländische, das Harmoniebedürfnis, das Lebensfrohe, die Liebe zum Augenblick.

Dabei ist die Einladung, zusammen ein Bier trinken zu gehen, aufrichtig gemeint. In dem Augenblick, da sie ausgesprochen wird, bricht sie geradezu aus tiefstem Herzen hervor, eine Geburt der Freundschaft aus dem Geiste der Menschlichkeit und der Glückseligkeit. Auch wenn es womöglich, unter gewissen Umständen, nämlich normalerweise, zu diesem Treffen niemals kommt.

Was zählt, ist nur der Augenblick, in dem die Einladung ausgesprochen wird. Auch wenn sich beide Seiten darüber im Klaren sind, dass aus dieser Utopie vermutlich nie etwas wird. Man kann sich trotzdem darüber freuen.

Das lernt man in Düsseldorf, wenn man nicht immer schrullig am Rand stehen möchte, vielleicht als Allererstes: Solche Erklärungen sind vielleicht das Getränk nicht wert, auf dessen Grundlage sie abgegeben werden, aber sie sind trotzdem eine Auszeichnung. Sie bedeuten hier: Das war ein schöner Abend mit dir, sympathischer Fremder. Und hier und jetzt möchte ich ihn sofort und für alle Zeit wiederholen. Aber wer weiß schon, was morgen sein wird auf Erden?

Ich habe eine Menge Abende erlebt, die mit heiligen Freundschaftsschwüren beschlossen wurden, um beim nächsten Treffen mit einem coolen Nicken oder einem Nichterkennen daran anzuknüpfen. Ist das oberflächlich? Ja, allerdings. Das Lernen fiel mir in Düsseldorf manchmal schwer, und manchmal tat es auch weh. Andererseits: In vielen anderen Städten kommt man erst gar nicht ins Gespräch, weil der Verbindungswille der Leute nicht ausgeprägt genug ist.

Dass Düsseldorfer nicht unter Fremden sein können – im »Uerige« oder »Schumacher« oder wo auch immer –, ohne sich nach fünf Minuten die Vornamen über den Tisch hinweg zuzurufen, das stimmt gewiss. Richtig ist auch, dass typische Rheinländer sich locker in die Mitte eines vollständig mit Fremden besetzten Tisches werfen können und dabei ausrufen: Hört mal, wer seid ihr denn? Isch bin der Lothar!!! Und das funktioniert. Die Leute freuen sich. Auf diese Weise in München am Biergartentisch ein Gespräch anzuknüpfen, dürfte weit schwieriger sein, es sei denn, die anderen Gäste sind zufällig Rheinländer.

An den Klischees ist eine Menge Wahres. Ist der Düsseldorfer also distanzlos, gar aufdringlich? Schmeißt er sich ohne Rücksicht auf Stimmung und Befinden an sein Gegenüber heran?

Manchmal schon. Hier geht man nun mal von dem Gedanken aus: Wer eine Kneipe besucht, hat prinzipiell nichts gegen ein Gespräch einzuwenden, der will es haben. Und hier bekommt er es.

Eine Gepflogenheit allerdings steht der allumfassenden rheinischen Harmoniesucht entgegen. Sie ist in dieser Stadt ausgeprägt wie in kaum einer anderen, und sie wird gemeinhin auf das als ausgeprägt geltende Selbstbewusstsein des Düsseldorfers zurückgeführt, aber eben auch auf seine Freude am Gebrauch der freien Rede. Gemeint ist die Sitte, Freunde und Bekannte zu beleidigen. Statt sich mit oberflächlichen Freundlichkeiten aufzuhalten, liebt es der Düsseldorfer, den anderen unverzüglich über sämtliche Schwächen aufzuklären, die dieser gerade erkennen lässt. Die Methode ist im Großen und Ganzen immer gleich und basiert auf dem Prinzip: Je mehr, desto lieber; je länger, desto besser.

Das grenzt nicht nur an Beleidigung, sondern ist auch eine ganz eigene, typisch rheinländische Umgangsform, die man als »üble Anrede« bezeichnen könnte. Denn diese Art des Umgangs wird ausschließlich im direkten Miteinander gepflegt, oder besser: im direkten Gegeneinander. Ob dem Rheinländer deshalb so gern Wankelmut und Unzuverlässigkeit nachgesagt werden, seiner ausgeprägten Geschäftstüchtigkeit zum Trotz? Mal so und mal so, heißt das im Volksmund, mal zuckersüß, mal rotzfrech. In Sportlerkreisen wird diese Form der raubeinigen Zuneigungserklärung auch »Flachsen« genannt. So wird aus dem »Leewe Jong« rasch ein umfassender Mängelkatalog, der in aller Offenheit ausgebreitet wird: »Mensch, wie siehst du denn aus!« Eine beliebte Einleitungsformel, bei der dem anderen mit breitem Lächeln das am schnellsten zu erkennende persönliche Handicap um die Ohren gehauen wird. Ohne jede Subtilität. Die würde ja nur stören.

Wer das ernst nimmt, ist selber schuld. Mit Blick auf den Rheinländer müsste man feststellen: Keine Angst, der will doch nur spielen.

Wie harmlos der Unfug ist, wissen aber nur die Rheinländer selbst. Betont gradlinig auftretende Völkerstämme wie Münsteraner oder Ost-Westfalen – auch die Bayern dürfen wir getrost dazurechnen – reagieren hingegen ganz anders auf die Frotzeleien des fröhlichen Großmauls. Der Rücken versteift sich, das Gesicht wird leer, und die Augen nehmen einen starren Ausdruck an. Um beim Cowboy aus dem beliebten Schlager zu bleiben: Jetzt wäre der Zeitpunkt gekommen, an dem ein geladener Revolver helfen würde, die Situation wieder einigermaßen ins Lot zu bringen.

Für den Düsseldorfer hingegen ist das Frotzeln so gut wie jede andere Kontaktaufnahme. Auch ein Faustschlag ist schließlich seinem Wesen nach erst mal eine Berührung, eine Verbindung von Mensch zu Mensch. Sie ist ausbaufähig und begründet eine Art Gesellschaftsvertrag zwischen zwei Individuen. Folglich wartet der Düsseldorfer grinsend auf den Gegenpunch, die Empfangsbestätigung. Sein bundesrepublikanisches Gegenüber jedoch beginnt, fiebrig nachzudenken. Blitzschnell huschen seine Blicke hin und her, in Sekundenschnelle versucht er zu kontrollieren, wer alles zum Zeugen der ungeheuren

Beleidigung oder zumindest doch sehr unsensiblen Grenzüberschreitung geworden ist, vor allem aber, wie gemein das Gesagte nun eigentlich gemeint war. Und wie man auf die Demütigung reagieren muss.

Der Düsseldorfer hingegen hat wie immer einen Spruch dafür auf Lager, sogar einen seiner besten: »Lieber einen guten Freund verlieren, als auf einen guten Witz verzichten.«

Langeweile oder sagen wir: ein Leben in der Kontaktlosigkeit ist ihm nun mal ein Gräuel. Andere Leute stellen sich die Hölle vielleicht als eine mit Lavaglut gefüllte Grube vor, wo die Menschen in heilloser Flucht vor der Hitze von einem Eck zum anderen springen. Nicht so der Düsseldorfer. Menschenskinder, würde der sagen, hier ist doch wenigstens was los! Für den Düsseldorfer wäre die perfideste aller Höllen ein volles Wartezimmer, in dem niemals jemand aufgerufen wird, aber auch aus Rücksicht auf die anwesenden Kranken nicht gesprochen werden darf. Die Hölle, das sind die anderen? Bestimmt nicht, die Hölle, das sind die fehlenden anderen! Oder die schweigenden anderen. Wenn es ganz still ist. Wenn man nicht weiß, was die anderen gerade denken. Die gemeine, unberechenbare, gefährliche Einsamkeit der Stille. Ralf Zilligen hat das Phänomen in einem Satz zusammengefasst: »Wer hier gern leben will, muss ein gewisses Kommunikationsbedürfnis haben.«

Mein Lieblingswitz über Düsseldorfer geht so:

Ein Amerikaner, ein Franzose und ein Düsseldorfer sind auf Großwildjagd. Da bricht ein prächtiger Elefant durchs Unterholz. Der Amerikaner denkt: Mit diesem Elefanten mache ich ein Vermögen. Ich rufe gleich in New Jersey bei John an, wegen der Überführung. Der

Franzose denkt: Die Stoßzähne hänge ich über den Kamin im Schlafzimmer. Nein, über den Kamin im Salon! Nein, nein, viel besser: hinter meinen Schreibtisch! Oder vielleicht ins Kabinett? Der Düsseldorfer denkt: Wo habe isch diesen Elefanten bloß schon mal gesehen? Den kenn isch doch! Und wie sympathisch der ist. Den frage isch gleich mal als Erstes, warum er so krumme Zähne hat!

Ist der Düsseldorfer mit seinen Witzeleien und Frotzeleien also distanzlos? Nicht unbedingt. Die Witze zielen eher darauf ab, eine Atmosphäre zu erzeugen, in der man sich gegenseitig nicht wehtun kann. Es geht nie »ans Eingemachte«, wie man hier sagen würde. Das vermeintliche Schlagen ist oft nur ein Streicheln, und man braucht keine böse Absicht dahinter zu vermuten. Es ist nur eine andere Spielart freundschaftlichen Umgangs.

Denn wenn alle flachsend miteinander herumfrotzeln, kann auch nichts wirklich Unangenehmes zur Sprache gebracht werden. Dann verliert das Bösartige seine Schärfe. Die herausfordernde Ne-sach-mal-wer-bist-du-denn-Anrede ist nach meinem Empfinden lediglich die fröhlichste und unbefangenste Art, eine harmonische Atmosphäre zu erzeugen.

Und dann fallen mir wieder die stillen niederrheinischen Helden Heynckes und Vogts ein und die Empfindsamkeit, die auch der Düsseldorfer Seele innewohnen mag.

Lot jonn

Der Karneval als Stahlbad in der Menge

Müsste ein Imageberater sich ein Event für eine Stadt ausdenken, die sich normalerweise nicht gerade als aufregende Metropole präsentiert, dann könnte er gut so was wie den Karneval erfinden. Er bräuchte dazu nur die passenden Menschen.

Was passiert, wenn die gerade nicht zur Hand sind, kann man in München studieren. Das dann eintretende Nichtereignis heißt »Fasching«. Man könnte aber auch den Begriff »Yoga-Umzug« oder »kontemplatives Verkleiden« dafür verwenden.

Wer nämlich glaubt, beim Karneval genüge es, ein Kostüm anzuziehen und ein alkoholisches Getränk in der Hand zu halten, der irrt, und zwar mit Anlauf. Das Kostüm ist lediglich die äußere Vollendung des sich nach Verwandlung sehnenden Individuums. Es transportiert nur etwas nach außen, das im Karnevalsmenschen immer schon vorhanden ist: den Wunsch, aus sich herauszugehen, das

Erwachsenen-Ich zu verlassen, sich über die strengen Regelvorschriften des Alltags hinwegzusetzen und stattdessen laut zu sein, albern, kindisch, aufdringlich und unkorrekt. Wer all das tut, überschreitet Grenzen, die indes wenig bis nichts mit Politik, Wirtschaft und Religion, somit also auch nichts mit Anarchie und Revolution zu tun haben. Überschritten wird vielmehr die Grenze zum anderen Menschen. Distanz verwandelt sich in Nähe. Inwieweit das konkret geschieht, hängt vom Verlauf des Abends und vor allem vom Hormonpegel der Beteiligten ab. Am Anfang steht das Ich, am Ende das Wir. Das ist der Verlauf des Karnevals. Nach und nach geht man so weit von sich weg, dass man sich selbst nicht mehr ernst nehmen muss. Im Bereich der Kontaktaufnahme begeht man dann fröhlich jeden Fehler, den man mit ordentlich Alkohol hinkriegen kann.

München habe ich erwähnt, weil bayrische Menschen das beste Gegenbeispiel sind. Tief in ihrer bayrischen Seele sind sie vollkommen zufrieden mit sich und der Welt. Der Bayer sagt: Mir san mir. Der Düsseldorfer sagt: Lot jonn. Der Münchner will nämlich gar nicht aus sich raus, und mit Kostüm fühlt er sich unverkennbar kreuzunglücklich. Jetzt könnten ja alle denken, er wäre gar nicht mehr er selbst. Dabei ist er doch wirklich ein prima Bursche! Darum tragen die Bayern, wenn sie sich schon unbedingt verkleiden müssen, am liebsten Dirndl und Lederhose. Da sind sie immer noch sie selbst, nur eben wie vor 100 Jahren. Und da waren sie auch schon wie heute. Kraftvoll. Stämmig. Kernig. In Bayern und auch in München, soweit es bayrisch ist, will niemand aus sich raus. Da wollen alle nur immer mehr in sich hinein. Nirgendwo sonst ruht es sich so schön.

Am Rosenmontag 2009 ging ich mit meinem Sohn über den Münchner Marienplatz. An den Karneval hatten wir gar nicht gedacht. Dann fielen uns gegen halb zwölf etliche Verkaufs- und Fressbuden auf, die sich auf der Theatinerstraße und rund um den Platz aneinanderreihten. Es nieselte, es war kalt, es waren nicht gerade viele Menschen unterwegs, und die wenigen hatten offenbar Besseres zu tun, als sich an diesen Ständen rumzudrücken. Das Zentrum des karnevalistischen Trubels bildete erkennbar die gelbe Aktionsbühne des Lokalsenders Charivari 95,5. Obwohl der Platz von der Bühne aus mit Musik beschallt wurde, war es doch eigenartig still, wie wir verwundert feststellten.

Eine Stunde später waren wir wieder zu Hause. Im Radio wurde gerade der Reporter vom Marienplatz live zugeschaltet. »Es ist der Woooaaahnsinn!«, rief er beherzt ins Mikrofon. Und dann, nur mühsam die Beherrschung bewahrend: »Hier drücken sich die Promis die Klinke in die Hand!«

Um den Karneval wirklich zu verstehen, habe ich während meiner Zeit in Düsseldorf einiges unternommen, und ich habe es immer gern getan. Ich war um Schlag elf auf dem Carlsplatz, wo alljährlich die Marktfrauen den Karneval eröffnen, am ersten der fünf heiligen Tage, dem Altweiberdonnerstag. Es ist der Tag der Frauen und somit auch der beste Tag für die Männer. Der Tag, dem alle entgegengefiebert haben. An Altweiber entlädt sich die Gier nach Nähe am heftigsten. Was dann folgt, ist Mengenlehre in Vollendung. Wie viel Elemente passen noch in Menge A, wenn Menge B bereits den ganzen Raum einnimmt? Und wie groß ist die Schnittmenge aus A und B, wenn es A scheißegal ist, dass der ganze

Raum bereits von B eingenommen wird? Korrekt. Die Schnittmenge von A und B ist nun identisch mit den beiden Einzelmengen.

Der Rest ist eine Frage des Hormonpegels innerhalb der Schnittmenge.

Die Vereinigung der jeweiligen Teilmengen geschieht entweder auf der Straße oder in der Kneipe. Das Kostüm ist dabei übrigens von nachgeordneter Bedeutung. Je weniger man sagen muss: »Du siehst aber lustig aus« oder »Du hast ja ein tolles Kostüm«, desto unwichtiger wird es im Prozess des Kennenlernens. Spätestens wenn der viel ehrlicher gemeinte Satz: »Du siehst aber lecker aus« keine diplomatischen Verwicklungen mehr nach sich zieht, hat das Kostüm seinen Zweck erfüllt und könnte ebenso gut noch an Ort und Stelle ausgezogen werden. Manche tun das. Die meisten aber halten durch.

Diese Abende in Lokalitäten, wo zwar niemand mehr reinpasst, aber trotzdem immer mehr Menschen kommen, sind nur dann zu genießen, wenn man sich die Gruppe, zu der man dabei gehört, vorher selbst zusammengestellt hat, auf dass sie sich später mit anderen Teilmengen zu etwas Neuem vereinigen möge. Im Straßenkarneval kann man nicht unbeteiligter Beobachter bleiben, es sei denn, man wollte bloß sich selbst beobachten, denn über den Kreis der nächsten Umstehenden kann man in der Regel kaum hinausschauen. Man kommt fremden Menschen so nah, dass man sich mit ihrer Hand an der Nase kratzen und wahlweise aus dem Glas des rechten oder linken Nachbarn trinken kann. Das klingt vielleicht übertrieben, ist aber die reine Wahrheit.

Diese Abende führen zu nichts. Sie enden allerdings in entzücktem Mal-ganz-unter-uns-Geschrei und in Wer-bist-du-noch-gleich-Liebkosungen, sie enden immer zu früh und immer zu spät, je nach Begehren und Schuldfähigkeit. »Schunkeln mit allen Körperteilen«, hat der lebensgeschulte Niederrheiner Thomas Druyen das genannt, getanzten und gesungenen Sexualkundeunterricht. Wenn sich Nähe zwangsläufig ergibt, braucht sich keiner Gedanken machen, ob sie zu früh kommt oder unangemessen ist, ob sie peinlich ist oder von allzu niedrigen Zielen geleitet: Sie entsteht, also kann man sie auch nutzen. Sich daran freuen und bestens damit klarkommen.

Allerdings lässt sich nicht leugnen, dass der Düsseldorfer Karneval trotz Kontrollverlustgarantie und bundesweit in der ARD übertragener Prunksitzung bei seiner Vermarktung gegenüber dem Kölner ins Hintertreffen geraten ist. Wenn ein Beispiel für den typisch lauten und übergriffigen rheinischen Karneval gesucht wird, ist Köln das bevorzugte Revier. Womöglich gilt Düsseldorf auch dabei als zu fein. Objektive Dezibelmessungen bei Karnevalsschlagern durchzuführen, heben wir uns lieber für das nächste Buchprojekt auf. Nur so viel: Der Vorteil der Düsseldorfer Variante liegt für den Fremden in der zentralen Lage. Die karnevalistischen Hotspots sind ausgesprochen überschaubar. Wer keine Ahnung hat, aber große Lust mitzumachen, braucht sich nur zum richtigen Zeitpunkt in der Altstadt zwischen Carlsplatz und Ratinger Straße aufzuhalten und sich von den Ereignissen mitreißen – oder besser: aufhalten zu lassen. An Altweiber ist auf der Bolkerstraße schlichtweg kein Durchkommen mehr. Aber auch daraus vermögen Rheinländer das Beste zu machen.

Komisch sind in diesem Zusammenhang immer die Bemühungen auswärtiger Firmenzentralen, ihren Düsseldorfer Mitarbeitern das Karnevalfeiern zu verbieten. Die Kollegen in Zürich oder Antwerpen stülpen sich am Rosenmontag schließlich auch keine Masken übers Gesicht, um dann singend das Büro zu verlassen, heißt es dann. Eine aus der Perspektive der globalisierten Arbeitswelt durchaus nachvollziehbare Argumentation, die indes bei Düsseldorfern auf kein Verständnis stößt. An diesem Tag könne man in Düsseldorf nicht arbeiten, wird entgegnet, weil es sonst auch niemand tut. Diese Auseinandersetzungen münden leicht ins Grundsätzliche, zumal sich in anderen Ländern kaum vergleichbare Anlässe finden. Von Ostern, Weihnachten und nationalen Feiertagen abgesehen. Im Fall eines Versicherungskonzerns führte der Streit dazu, dass die Geschäftsführung ein reguläres Arbeiten strikt verfügte und für den Fall des Fernbleibens Abmahnungen androhte. Die Düsseldorfer Mitarbeiter konterten, der Arbeitgeber solle garantieren, dass das Bürogebäude im Notfall für Rettungswagen erreichbar sei – auch während des Rosenmontagszugs. Das war bei einem Gebäude im Zentrum natürlich schlichtweg unmöglich.

Wie das Vergnügungspotenzial des Karnevals sich dann konkret entfaltet, bleibt persönlichen Vorlieben und Neigungen überlassen: Der Kö-Umzug am Sonntag hat den Charakter eines quietschebunten Familienfests, genau wie der Rosenmontagszug. Für Väter heißt es dabei nicht »leben und leben lassen«, sondern »bücken oder liegen lassen« – beim Kamelleauflesen nämlich.

Wer nicht mitlaufen, sondern nur zuschauen möchte, geht zu Freunden, die »am Zoch wohnen«, wie man sagt. Wer selber dieses Privileg innehat, lädt wiederum Freunde zu sich ein. So kommt es zu entspannten Happenings mit Hausmannskost und Altbier aus Literflaschen. Der Zug wird mit Helau-Rufen gewürdigt. Anschließend, wenn man seine rheinische Pflicht erfüllt hat, dreht man im Wohnzimmer die Musik laut auf. Sie haben Freunde in Düsseldorf, von denen Sie wissen, dass Sie dem Karneval aufgeschlossen gegenüberstehen? Dies ist der Moment, sich ihrer zu erinnern. Das Zug-Schauen am Straßenrand ist nämlich ein recht strapaziöses Unternehmen, bei dem man schnell auf fünf Stunden Stehzeit kommen kann.

Außerdem gilt es beim Stehen, Zugucken und Helau-Rufen zu berücksichtigen, dass der Montag bereits der fünfte Tag des karnevalistischen Treibens ist. Was am Donnerstag noch ungebrochen fröhlich und ausgelassen wirkt, kann nach vier Tagen und Nächten zu einem eher traurigen Schauspiel geraten. Die Zugteilnehmer strahlen dann weniger Vergnügen und Lebensfreude aus als vielmehr eine leicht finster anmutende Entschlossenheit, sich von Müdigkeit und Katerstimmung nicht unterkriegen zu lassen. Wie Ausdauersportler Wadenkrämpfe, so können Karnevalisten Lachmuskelkrämpfe bekommen. Je mehr die körperliche Leistungsfähigkeit in Mitleidenschaft gezogen wird, desto eher wird das Bad in der Menge zur Herausforderung für Ausdauersportler.

Eines aber gilt bei diesen närrischen Veranstaltungen sowohl für Düsseldorfer als auch für Auswärtige, die für das Ereignis extra anreisen: Sie wissen, was sie tun. Sie stürzen sich freiwillig ins Getümmel, und das Stahlbad in der Menge halten sie nicht nur aus, sie lieben es. Welche Veranstaltung es auch sein mag, zu der der karnevalistische Mensch ausrückt – die kommunikativ aufgelockerte Atmosphäre wird sich auf jeden Fall zusätzlich belebend auf seinen Geist und Körper auswirken.

Was auch die Venetia der Session 2007 unumwunden

zugibt. Die Venetia ist die Lieblingsdame des Karnevalsprinzen, mit dem sie zusammen die fünfte Jahreszeit regiert. Und dieses Jahr ist es Barbara Oxenfort, dem Karneval von Kindheit an verfallen. Mit neun stand sie zum ersten Mal auf der Bühne und schmetterte Stimmungslieder in den Saal. Ihr Vater, Engelbert Oxenfort, ist der Präsident des »Comitee Düsseldorfer Carneval«. Barbara Oxenfort weiß genau, was sie alle suchen, die Närrinnen und Narren: »Da kann man so herrlich entspannt drauflosquatschen. Da können wir quasseln ohne Ende, auch mit Wildfremden.« Ihr Mann nickt dazu, er hält es genauso.

Das ist alles wunderbar und schön, bleibt aber für den Außenstehenden letztlich doch rätselhaft und unbegreiflich. Was den Karneval ausmacht, ist mehr als bloß die Nähe zu den anderen, mehr als bloß rheinisches Temperament: die Kunst, sich lächerlich zu machen und dabei souverän zu bleiben. Sie lässt sich vielleicht gerade dort am besten studieren, wo der Karneval am wenigsten nach Karneval aussieht.

»Das hier ist kein Karneval, das ist ein Ball!«, hat der Präsident der »Prinzengarde Blau-Weiß« beim Galaball im Maritim-Hotel vor 750 Gästen energisch verkündet. Der Satz erstaunt, wird er doch vor lauter Menschen ausgesprochen, die kleine blaue Mützchen auf dem Kopf tragen. Diese Mützchen sehen beim bestem Willen weder elegant noch glamourös aus, sondern eher wie mit blauer Farbe und Glitzerzeug besprühte Spucktüten aus der Konkursmasse einer Billigfluglinie. Sie sind aber auch das Einzige, was in diesem Ballsaal am heutigen Abend auf den fröhlichen Karneval hindeutet. Nein, dies ist keine Sitzung mit Elferrat, Büttenredner und Tanzdarbietungen der Garde, sondern dies ist ein gesellschaftliches Ereignis höchsten Ranges, was auch die Gästeliste anzeigt. Damit sich auch ja keiner fehl am Platze fühlt, begrüßt der Präsident die prominentesten Gäste persönlich: den US-Generalkonsul Matthew G. Boyse, die UNESCO-Sonderbotschafterin Ute Ohoven und schließlich den Oberbürgermeister, der später noch eine wenig ruhmvolle Rolle als schwungvoller Laudator bekleiden wird.

Die »Prinzengarde«, neben »Rot-Weiß« der zweite wichtige Karnevalsverein Düsseldorfs, verleiht seit 1984 die »Goldene Pritsche«. Mit ihr werden Persönlichkeiten des öffentlichen Lebens ausgezeichnet, die sich »Humor, Fröhlichkeit und Mutterwitz« bewahrt und so gegen »Griesgram und Muckentum« angekämpft haben. Offenbar soll damit dem Aachener »Orden wider dem tierischen Ernst« Konkurrenz gemacht werden. Was unter Muckentum genau zu verstehen ist, bleibt undefiniert. Denn wer aufmuckt, tut ja eigentlich nichts Schlechtes, aber egal. Der Abend verläuft jedenfalls ausgesprochen steif, wie nicht anders zu erwarten bei einem Ball, wo alle im Smoking und in Abendkleidern erscheinen. Dasselbe gilt für die Rede des OB. Und wenn der Zeremonienmeister die Abendgesellschaft auf die Tanzfläche befiehlt, folgt sie seinen Anweisungen aufs Wort.

All dies hat mit Karneval nicht viel zu tun, es ist noch nicht mal Lackschuhkarneval. Höchstens für ein paar Minuten, als mit militärischer Exaktheit das Prinzenpaar in den mit Kristalllüstern geschmückten Saal einmarschiert, musikalisch begleitet von der Prinzengarde auf den Balkontreppen. In diesen Augenblicken wird die Düsseldorfer Gesellschaft mit denjenigen aus ihrer Mitte konfrontiert, die heute Abend den Karneval repräsentieren – jenen Karneval, den sie selbst durch ihre wackere Mitgliedschaft befördern wollen.

Mehr hüpfend als marschierend betritt nun also Prinz Lothar I. den Saal, begleitet von seiner Venetia Ute. Was auf den Fotos der Lokalpresse mitunter nur schwer erkennbar sein wird, ist der Kontrast zwischen Verkleideten und Nichtverkleideten. Vor Ort, im Maritim-Hotel, sticht er umso mehr ins Auge. Dort die Smokingmänner und Ballkleidfrauen, hier die Garde und das Prinzenpaar. Obwohl man sich Lothar I. zu anderer Gelegenheit mühelos auch auf der anderen Seite vorstellen könnte, bei den Nichtverkleideten. Als Key-Account-Manager im dunklen Anzug würde er inmitten dieser gut gekleideten Herrschaften sicher eine blendende Figur abgeben.

Doch wie sieht er stattdessen heute Abend aus? Er trägt eine weiße Strumpfhose und rote Schnallenschuhe, ein kurzes luftiges Höschen und darüber ein buntes Glitzerwestchen, das am Hals in einen waschbrettsteifen Kasperlekragen mündet. Ein gestandener Mann, bekennender Leistungsgesellschaftsmensch, durchsetzungsfähig, souverän in Wort und Auftritt, setzt sich hier plötzlich eine bunte Pfauenfedernkappe auf den Kopf, die ihn zu einem vollkommenen Deppen macht. Um von dem Rest seines Outfits erst gar nicht zu reden. Er sieht aus wie der Pausenclown in einer drittklassigen Travestieshow. Dazu fuchtelt er ständig mit hocherhobenen Armen herum, als wären sie aus Kamelle und würden sogleich dem Meistbietenden als Extra-Bombkes an den Kopf geworfen.

Dabei steht er Leuten gegenüber, bei denen eine derart unkontrollierte Gestikulation mit Sicherheit verpönt ist. Nie habe ich besser verstanden, was der Karneval aus erwachsenen Menschen macht, als in jenem Augenblick.

Prinz Lothar I. und seine Venetia Ute hopsten lachend und winkend vor ihren noblen Vereinskameraden herum, in einer knallbunten Kindergarten-Ausrüstung, wie zwei Sechsjährige, die zu lange aufgeblieben sind, völlig überdreht. Dabei gaben sie sich allergrößte Mühe zu zeigen, dass sie sich pudelwohl fühlten.

Peinlich war ihnen das nicht, und es schämte sich auch niemand stellvertretend. Im Karneval machen sich erwachsene Leute manifest lächerlich, ohne dass sie sich oder anderen dabei schaden würden. Das ist von einer rührenden Offenheit. Auch wenn es Rituale sind, über viele Jahrzehnte hinweg eingeübte Formen von Fröhlichkeit, nicht deren spontaner Ausdruck. Wer in einer solchen Ausstattung vor seinesgleichen herumhüpft, kann sich selbst unmöglich noch ernst nehmen. Er macht sich zum Narren. Der diesjährige Lothar I. hatte sich zuvor übrigens drei Mal vergeblich ernsthaft darum beworben, diese Rolle spielen zu dürfen, ehe sein Traum endlich wahr geworden war. Natürlich nicht nur um der Sache selbst, sondern auch, um gesellschaftlich besser dazustehen, sich vielleicht hinterher besserer geschäftlicher Kontakte erfreuen zu können. Dennoch, außerhalb Düsseldorfs wären sicher nur wenige bereit, den hohen Preis der Selbstironie dafür zu bezahlen.

Darum verzeihe ich dem Karneval noch die langweiligsten Büttenreden, sogar die Laudatio des Oberbürgermeisters, bei der nach zwei Minuten keiner mehr zuhört. (Diese Aussage ist nicht wirklich gewagt, denn angeregt am Tisch weiterzureden oder seine Handynachrichten zu studieren und gleichzeitig einer Rede aufmerksam zuzuhören, dürfte sich ausschließen.) Ich verzeihe dem Karneval den Tusch ebenso wie den Einmarsch und den

Ausmarsch. Es ist dem Karneval sowieso vollkommen egal, wer ihn blöd findet, Hauptsache, es gibt immer noch genug, die ihn toll finden. Dass sich in unserer Hochleistungsgesellschaft jemand vor seinesgleichen gebärdet wie ein diamantenbesetzter Teletubby, das geht wirklich nur beim Karneval. Das ist ihm hoch anzurechnen.

Der Karneval steht darüber hinaus in einer innigen Beziehung zum Katholizismus. Er schenkt den Katholiken tolle Tage, die sie nachher in der Beichte entsorgen können. Prof. Thomas Druyen, der bereits erwähnte Vermögensforscher, erinnert sich zudem, dass der Karneval in seiner Kindheit stets ein gemeinschaftliches Erlebnis war, das man mit den Eltern von gleich zu gleich genießen konnte wie kaum ein zweites. Wenn der Vater sich verkleidete, hieß das, dass er bereit war, richtig mitzuspielen. Plötzlich sah er aus wie ein Clown und zog mit den Kindern gemeinsam los. Mama malte sich ja auch sonst bunt an, aber Papa nie, nur an Karneval. Druyen mochte das sehr.

Heute hingegen kann er dem Karneval nichts mehr abgewinnen. Aber bis zu seinem 24. Lebensjahr habe er dem karnevalistischen Treiben in einer sexuell doch sehr verklemmten Zeit viele gute Berührungen zu verdanken gehabt.

Druyens Beispiel bringt uns zum Abschluss zu den sogenannten Karnevalsmuffeln, von denen es in Düsseldorf überraschend viele gibt, auch unter den Einheimischen. Zu einem Ereignis von großer prägender Kraft muss schließlich jeder in irgendeiner Weise Position beziehen: Ja oder Nein. Ein lautes Ja oder ein schrilles Nein. Immer mit Ausrufezeichen. Der Karneval ist nicht einfach irgendein Fest, sondern ein Bekenntnis zum Brauchtum und zur Stadt generell – jedenfalls wird einem das suggeriert. Also reagiert man bisweilen nicht bloß mit Gleichgültigkeit, sondern mit Ablehnung und Zorn. Die Gegner des Karnevals sprechen von verordneter Fröhlichkeit. Von Alkoholiker-Ausgelassenheit, Zwangsjackenstimmung. Alles eine Frage persönlicher Vorlieben.

Eines aber sollte man den Gegnern nicht einfach durchgehen lassen: das Märchen, man könne es während der tollen Tage in Düsseldorf schlichtweg nicht aushalten. Man müsse die Stadt fliehen, wie es sonst nur die Bewohner Oberkassels tun, zur Zeit der dröhnenden Kirmes am Rhein (was angesichts der Lärmentwicklung allerdings absolut verständlich ist).

Meine Erfahrung ist diese: Wer vom Karneval nichts mitbekommen will, schafft das mühelos. Selbst wenn die eigene Wohnung nur zwei Gehminuten vom Carlsplatz entfernt liegt, wird der ebenso lange wie laute Rosenmontagszug übers Kopfsteinpflaster der Carlstadt hinfortrumpeln, ohne irgendjemanden weiter zu behelligen. Der Karneval ist ein kollektives Happening, aber er ist freiwillig, und der Rückzug davon ist genauso leicht wie die Teilnahme. Man muss nur dazu entschlossen sein.

»Dat is jute Kunst«

Wie eine Stadt von der modernen Kunst lebt und trotzdem ganz bei sich bleibt

Mit der Kunst ist es auch in einer Kunststadt wie Düsseldorf keine leichte Sache. Vor ein paar Jahren stand ich in einem Museumssaal, in dem ausgewählte Werke der klassischen Moderne hingen. Die meisten der Gemälde, darunter einige von Picasso, waren dem Kubismus zuzuordnen: in Flächen und Formen zersplitterte Körper und Gesichter, sich überlagernde Perspektiven, die Sicht auf die reale Welt hatte sich aus der sicheren Eindimensionalität in ein verwirrendes Gegeneinander von sich ausschließenden Blickpunkten verwandelt. Kurz, es hing eine Kunst an den Wänden, die Anfang des 20. Jahrhunderts so revolutionär gewesen war, dass sie viele Menschen tief verunsichert hatte.

Da betraten zwei ältere Damen den Raum. Sofort zog der Picasso sie in ihren Bann, und sie riefen entzückt, als ob sie ein Kaffeeservice erblickt hätten: »Nein, ist das schööön!«

Die millionenfach vervielfältigten Gemälde von Picasso und Braque sind zur Schmusekunst geworden. Ihre Ästhetik rüttelt nicht mehr auf, sondern die vertrauten Farben- und Formenarrangements wirken beruhigend.

So ist das eben mit der Kunst, wenn die Zeit, in der sie entstanden ist, lange zurückliegt. Und das versteht man besonders gut in einer Stadt wie Düsseldorf. Nur hier ist denkbar, dass die beiden grauhaarigen Damen mit schwingenden Faltenröcken und Blumenbluse auch in der Videokunst-Sammlung von Julia Stoschek mit einem beglückten »Nein, wie schön!« vor der Leinwand stehen würden.

Bis es ihnen im Halse stecken bliebe. Da rasiert sich nämlich eine gewisse Patty Chang mit verbundenen Augen sehr grob, sehr langwierig und sehr anschaulich die Vagina. Verstörend ist das, provozierend, und für den Betrachter, vor allem im Beisein anderer Betrachter, gar nicht so leicht unbefangen anzuschauen. Aber vielleicht schreien die Rentner des Jahres 2082 ja vor Entzücken auf, weil sie Patty Changs Vagina-Performance schon aus dem Wartezimmer ihres Zahnarztes kennen.

Auf jeden Fall hat Julia Stoschek Düsseldorf einen großen Gefallen getan, als sie sich entschied, hier ihre Kollektion zu präsentieren. Sie hat das lokale Spektrum attraktiver Museumsschauplätze um eine der weltweit bedeutendsten Sammlungen für Neue-Medien-Kunst erweitert, ohne dass Stadt und Land auch nur einen Cent dazugeben mussten. Schön für Düsseldorf. Schön aber auch für Julia Stoschek und ihre Sammlung mit bislang 400 Arbeiten, meint sie selbst, auch wenn sie vornehmlich aus privaten Gründen hergezogen ist. »Man merkt den Menschen, die hierherkommen, einfach an, dass sie aus einer Kunststadt stammen. An ihrem Interesse, aber auch an dem Respekt, mit dem sie der Kunst begegnen. Diese Stadt hat über Jahrzehnte den Umgang mit zeitgenössischer Kunst gelernt.« Die Sammlung ist der Öffentlichkeit nur am Samstag zugänglich, und zwar nach vorheriger Anmeldung, telefonisch oder per E-Mail. Mehr verlangt die 34-jährige Tochter des Unternehmensgründers Max Brose von ihren Besuchern nicht; der Eintritt ins ehemalige Fabrikgebäude im Stadtteil Oberkassel ist frei. Weil Videokunst nicht nur mit bewegten Bildern, sondern meist auch mit Ton-Collagen und Musik verbunden ist, ist die räumliche Konstruktion solcher Ausstellungen stets eine besondere Herausforderung. Wenn man beim Rundgang nicht nur die Videobilder, sondern auch die zugehörigen Geräusche hinter sich lassen kann, haben die Ausstellungsmacher sie gemeistert.

Dass Düsseldorf eine Kunststadt sei, erzählt die dunkelhaarige, groß gewachsene Kunstsammlerin, merke man auch an so profanen Tatsachen wie dass die Taxifahrer nie fragen müssten, wo das denn genau sei, diese Kunstsammlung NRW oder dieses K21. In Berlin sind Julia Stoschek hingegen ausschließlich Taxifahrer begegnet, die bei den Worten »Zum Hamburger Bahnhof« nur Bahnhof verstanden.

Es kann natürlich auch daran liegen, dass Berlin ein bisschen größer ist und ein bisschen mehr zu bieten hat als eine mittelgroße Rheinstadt wie Düsseldorf. Dafür liegt in Düsseldorf alles nahe beieinander, Museen, Kunstakademie, Galerien und Kneipen; es ist ein richtiger Kunstballungsraum. Von dem schwarzen Marmordampfer der Kunstsammlung NRW (K20) sind es nur ein paar Meter bis zur Ratinger Straße und zu Gaststätten wie der »Uel«, dem »Einhorn«, dem »Ohme Jupp« oder dem legendären »Rätematäng«, einer grandios spartanischen Eckkneipe, in der man nur stehen kann. Wer sich am Ende der Nacht hinsetzt, gilt als Verlierer, sowohl des geistigen wie des alkoholischen Disputs.

Wo sich die Kunsthalle, die Kunstsammlung NRW und die Kunstakademie befinden, liegt das Herzstück der Kunst in Düsseldorf. Wenn man jedoch in dieser Stadt lebt, hat man mit der Kunst noch weit mehr zu tun. Der Maler und Objektkünstler Günther Uecker, berühmt geworden durch seine reliefartigen Nagelbilder, hat es einmal so ausgedrückt: »In Düsseldorf riechen die Leute gut und ziehen sich dreimal am Tag um.« Wer kultiviert und reich genug ist, einen derartigen Bekleidungsrhythmus durchzuhalten, ist auch wohlhabend genug, sich die Kunst seiner Preisklasse leisten zu können, wollte Uecker damit sagen (dazu später mehr).

In einer Kunststadt wie dieser zu leben, bedeutet, fortwährend mit Menschen zu tun zu haben, die Künstler sind oder Künstler werden wollten. Und wenn nicht, dann hegen sie den Wunsch, Künstler zu sein, vermutlich insgeheim. Der WG-Mitbewohner, der an der Kunstakademie Malerei studiert, hat auch beim Frühstück in der schmalen WG-Küche bunte Farbe an Unterarmen und Händen, nachdem er die Nacht über durchgewerkelt hat, und im Bereich um Nase und Stirn sind die Farbspritzer sowieso nicht richtig wegzukriegen. Das Zimmer eines solchen jungen Mannes ist in der Regel leer, bis auf eine Matratze auf dem Boden, eine Art mobilen Schrank und natürlich die zahlreichen Ölgemälde, die an den Wänden hängen oder sich auf dem Boden stapeln. Sie zeigen auffällig oft einen jungen Mann, der dem Mitbewohner täuschend ähnlich sieht, wahrscheinlich infolge eines Mangels an Testpersonen, die bereit sind, für lau Modell zu sitzen. Dieselbe Erfahrung haben Kollegen des jungen Mannes vor 300 Jahren auch schon gemacht.

Wenn man als Student in Düsseldorf einmal die Woche in einem Computerbuchlager arbeitet, sind dort mindestens zwei der anderen Studentenjobber angehende Maler. Der eine interessiert sich im Grunde mehr für Theater und Film, malen langweilt ihn. Am Ende wird er vermutlich Kunstlehrer. Der andere hat sich Zugang zu einer leer stehenden Fabrikhalle verschafft, die mindestens so groß ist wie ein Fußballfeld. Dort lehnen nun seine großformatigen Ölgemälde von verwesenden Fischen gegen die Wände. Während er Bücher in die Kisten wuchtet, erzählt er, dass er winters in der Halle nur mit Fäustlingen und im dicken Mantel malen kann. Im Frühling geht es besser, nur fangen die Fischkadaver dann schon nach kurzer Zeit furchtbar an zu stinken. Weil seine Bilder so groß sind, wird er einfach nicht schnell genug fertig.

So geht es in einem fort. Die Künstler sind allgegenwärtig, mehr als es die Kunst je sein könnte. Beim Freizeitkicken ist der nervöse Mittelfeldspieler ein Meisterschüler aus der hoch angesehenen Bildhauerklasse. Man erfährt es aber erst viel später, wenn sein Name plötzlich bei einer Gruppenausstellung auftaucht. (Bildhauer sind übrigens meiner Erfahrung nach miserable Passspieler.) Und dann gibt es natürlich noch die Quereinsteiger in den freien Theatern. Sie kommen von der Kunstakademie, wollen nur mal Bühnenbild ausprobieren und sind fünf Jahre später immer noch da.

Die Kunst ist in Düsseldorf überall, und die mit ihr verbundenen Träume sind es auch. Irgendwer hat es immer schon geschafft, oder man trifft plötzlich einen, der die Rahmen für Gursky, Ruff und Struth gemacht hat: »Struffsky«, die derzeit berühmtesten Fotokünstler der Welt. Angefangen hat es mit einem Rahmen für Ruff. Das lief über eine gemeinsame Bekannte. Und weil der Rahmen gut war, folgte einer für Gursky. Naja, und weil der auch gut war, kam dann einer für Struth... So wird aus einem Schreiner mit Talent, aber ohne besonderen Ehrgeiz, ein gut verdienender Spezialist. Auch die Kunst braucht ihre Zulieferindustrie.

Thomas Ruff lebt übrigens immer noch in Düsseldorf. Nicht zuletzt, weil das Fotostudio Grieger, wo »Struffsky« die riesigen Fotoformate im legendären Diasec-Verfahren herstellen lässt, hier seinen Sitz hat. Ruff, der einst an der Akademie bei Bernd Becher studierte und in den 80er-Jahren mit übergroßen Porträtfotografien bekannt geworden ist, erzählt an einem Samstagnachmittag in seinem Wohnatelier in Oberkassel, Düsseldorf selbst sei für ihn eigentlich nur eine ganz normale mittelgroße Stadt, wie es in Deutschland viele gibt. Aber die Atmosphäre, das besondere Kunstflair, die Möglichkeit, hier viele andere Künstler zu treffen? »Je älter man wird«, sagt Ruff, der dem Großformat mit Serien wie »Nudes« oder den »Sternenbildern« bis heute treu geblieben ist, »desto weniger Wert legt man auf den Kontakt mit anderen Künstlern.«

Warum? Ruff zuckt mit den Schultern. Dann sagt er: »Irgendwann weiß man halt, was man kann und was nicht. Und dann will man eigentlich nur in Ruhe seine Arbeit machen.«

Ruff wohnt heute in einer ehemaligen Turbinenhalle der Düsseldorfer Stadtwerke. Das 150 Meter lange Gebäude hat sieben Meter hohe Decken, seine Kinder spielen im vielleicht größten Kinderzimmer der Welt – selbst Stockbetten sehen hier winzig aus. In diesen monumentalen Räumen wirken seine Werke nicht mehr gigantisch, sondern gerade angemessen. Dieser Mann, der vor allem schnell beim Fotostudio sein will, um die Bildherstellung begleiten zu können, hat sich auf seine eigene Weise zu Düsseldorf bekannt: Ein Drittel der umgebauten Halle gehört ihm. Seine beiden Nachbarn heißen Andreas Gursky und Axel Hütte. Gurskys »99 Cent ɪɪ« Diptychon ist derzeit die teuerste Fotografie der Welt. Bei einer Auktion im Jahre 2006 zahlte ein anonymer Bieter knapp 2,5 Millionen US-Dollar für einen Abzug. Mittlerweile gehen Schätzungen von einem Wert aus, der bei mehr als 3,3 Millionen Dollar liegt.

Klar, wer solche Leute zu seinen Bekannten zählt, und genau das passiert einem in Düsseldorf natürlich immer wieder, der kann an künstlerischen Lebensformen durchaus Geschmack finden. Auch wenn man sein eigenes Geld auf profanere Weise verdienen muss.

Neben Malern kommen in Düsseldorf auch Schauspieler, Schriftsteller, Musiker und Kabarettisten zusammen. Wie überall, so bleibt auch hier der Sprung nach ganz oben, wo man berühmt ist und viel Geld verdient, den meisten verwehrt. Diejenigen aber, die es geschafft haben, erzeugen den nicht ungefährlichen Eindruck, die Kunst des Kunstmachens bestünde hauptsächlich darin, viel Freizeit und wenig Arbeit zu haben. Was bei ernsthaft arbeitenden Leuten wie Ruff gewiss nicht stimmt. Wohl aber tragen die Düsseldorfer Künstler selbst ihren Teil dazu bei, dass dieses Bild entsteht.

Jörg Immendorff war längst einer der bedeutendsten Maler Deutschlands, als ich ihn eines Nachmittags überraschend in der Altstadtkneipe »Zum Weißen Bären« erblickte. Im Nachhinein frage ich mich zwar eher, was ich selbst eigentlich um diese Uhrzeit dort verloren hatte, aber der Anblick Immendorffs hat sich mir eingeprägt: breitbeinig, in der gewohnten Lederkluft, mit einer Zigarette in der rechten und einem Glas Altbier in der linken Hand. Im Gesicht stand ihm der abgeklärte Ausdruck eines Mannes, der schon einige Triumphe hier gefeiert, aber noch längst nicht den Geschmack daran verloren hat. Mit anderen Worten: Immendorff fühlte sich großartig. Er war berühmt und genoss es. Dass er es ausgerechnet in dieser Kneipe und um diese Zeit tat, wo mehr Billardspieler als Großbürger zugegen waren, machte ihn mir mehr als sympathisch. Hier war er kein überlebensgroßer Maler, sondern eher ein großer Junge, der kein Hehl daraus machte, sich seine Träume erfüllt zu haben. (Den kämpferischen Sozialrevolutionär, der Immendorff natürlich sowieso immer ist, lassen wir jetzt mal beiseite.) Auf solche Erfolge tranken Weltmänner in der hölzernen Werbung der 70er-Jahre gern einen Dujardin. Düsseldorfer Maler gönnen sich am Nachmittag ein Alt in der lautesten Stammkneipe der Welt. Klar, im Fall von Immendorff ist das lange her, er ist bekanntlich 2007 nach langer, furchtbarer Krankheit gestorben. Aber so standen Immendorff, Baselitz und Lüpertz auch bei großen Ausstellungen zusammen, nachdem die Grußworte ausgetauscht waren. Wie drei Typen, die wissen, dass sie sowieso die Größten sind, aber noch auf die schönste Frau des Abends warten.

Doch auch wenn man nicht Immendorff oder Baselitz heißt: Der Schritt vom Künstler zum Lebenskünstler ist in Düsseldorf sehr klein. 700 Studierende von der Kunstakademie hinterlassen deutliche Spuren. Nicht gerechnet diejenigen, die auf akademische Weihen verzichten müssen oder sie ohnehin nie erstrebt haben, sich aber trotzdem künstlerisch verwirklichen. So wie sich in Hollywood praktisch jeder Kellner als Schauspieler oder Drehbuchautor zu erkennen gibt und »das hier wirklich nur vorübergehend macht«, so sind in den Düsseldorfer Kneipen die Bedienungen eben im Zweifelsfall angehende Künstler.

Das Zentrum des künstlerischen Treibens bildet die Staatliche Kunstakademie, die zunächst 1773 gegründet wurde. Während der napoleonischen Kriege wurde die kurfürstliche Bildergalerie dann jedoch von Düsseldorf nach München geschafft. Als Entschädigung beschloss die preußische Regierung 1819 die Wiederbegründung der alten Akademie als »Königlich-Preußische Kunstakademie«. Ordnung, Disziplin und Gehorsam haben sich in der jüngeren Gegenwart allerdings eher als natürliche Antipoden der Akademie herausgestellt. Auf dieser Hochschule der Künste ging es in den letzten Jahrzehnten alles andere als streng zu, sie galt als die freieste und kreativste im ganzen Land. Legendär sind ihre Auseinandersetzungen mit der Regierung des Landes Nordrhein-Westfalen, damals vertreten durch Johannes Rau als Minister für Bildung und Wissenschaft, die schließlich in der Entlassung von Joseph Beuys gipfelten. Beuys' Begriff von seiner Rolle als Kunst-Lehrer (jeder Mensch ist ein Künstler) ließ es nicht zu, Bewerber für die Kunstakademie abzulehnen. So kam es, dass seine Klasse Anfang der 70er-Jahre von mehr als 400 Studentinnen und Studenten besucht wurde. Das Ganze weitete sich zum Machtkampf unter den Akademieprofessoren aus. Wenn Beuys von Pressevertretern gefragt wurde, ob nicht vor allem Neid die

Antriebsfeder der Kollegenproteste sei, antwortete er: »Ich wüsste nicht, was sonst dahinterstecken soll.« Seine Kollegen verwiesen darauf, dass bei Klassen mit mehr als 30 Studenten eine sinnvolle Lehre unmöglich sei. Als 1972 nach einem neuen Zulassungsverfahren 125 Bewerber abgelehnt wurden – da umfasste Beuys' Klasse 268 Schüler –, besetzte er mit den abgewiesenen Bewerbern das Sekretariat. Die Polizei führte Beuys aus dem Gebäude, am 11. Oktober 1972 gab Johannes Rau – dabei erstaunlich lässig eine Zigarette rauchend – die Entlassung eines der damals bedeutendsten Künstler seiner Zeit bekannt. So wenig die außerhalb der Innenstadt gelegene Heinrich-Heine-Universität in der Stadt je präsent war, so sehr stand damals die Kunsthochschule im Mittelpunkt der öffentlichen Erregung: Hungerstreiks, Vorlesungsboykott, Demonstrationen, bei denen Beuys' Wiedereinsetzung gefordert wurde. Das war für Düsseldorfer Verhältnisse extrem ungemütlich, aber eben auch sehr anregend.

Die juristischen Auseinandersetzungen, die darauf folgten, endeten 1980 vor dem Bundesarbeitsgericht mit einem Vergleich: Beuys durfte seinen Unterrichtsraum und den Professorentitel behalten, akzeptierte aber die Entlassung aus dem Staatsdienst.

All dies ist Geschichte, so wie die Namen der Künstler, die an dieser Hochschule schon gelehrt haben. Aber die Größe der Lehrer macht bis heute die Bedeutung dieser Kunsthochschule aus. Und die der Künstler, die von hier aus die Welt neu erfunden haben: Blinky Palermo, Imi Knoebel, Jörg Immendorff (übrigens allesamt Beuys-Schüler), aber auch A. R. Penck, Anatol Herzfeld, Tony Cragg, Günther Uecker, Gerhard Richter, Andreas Gursky, Thomas Ruff – und Rosemarie Trockel. Das ist eine sehr unvollständige Reihe, außerdem vermischt sie Studenten und Professoren, aber es sind einige der unbestritten wichtigsten Namen.

Die Räume der Akademie als »Klassenräume« zu bezeichnen, geht fehl. Hier stehen keine Schulbänke, und hier hängen auch keine Tafeln. Es sind Atelierräume, die des Professors und seiner Eleven liegen hintereinander. Bei der alljährlichen Ausstellung der Studierenden zum Abschluss eines jeden Wintersemesters, dem »Rundgang«, wie es überall nur kurz heißt, kann man sie innerhalb von fünf Tagen besichtigen – und vor allem natürlich die Werke der jungen Künstler. Der Rundgang ist ein Muss für alle, die irgendwie an Kunst interessiert sind – auch wenn dieses Interesse in der Regel nicht den Kunstwerken allein gilt. In dem großen klassizistischen Kasten mit seinen Säulenaufgängen und Stuckdecken sprühen junge Menschen vor Energie, und das ist eindrucksvoll, egal, ob nun die Bildhauer oder die Maler den stärkeren Eindruck hinterlassen.

Von irgendwoher schallt immer laute Musik durch die langen Gänge, die mit dem weihevollen Getue in vielen anderen Museen nichts zu tun hat. Der Rundgang ist ein Happening, das am Samstagabend traditionell mit einer Fete in der Aula endet. Auch dann kommen selbstverständlich nicht nur Künstler, sondern noch jede Menge anderer Leute, vor allem junge Männer, die eher an dem Menschen hinter dem Werk interessiert sind, insbesondere am weiblichen Teil der Studentenschaft.

Aber laut und quirlig geht es schon vorher zu, auch tagsüber. An die tausend Kunstwerke nacheinander zu sehen, ist natürlich irgendwann ermüdend, aber das Besondere an diesem Rundgang ist, dass man die Chance bekommt, Künstlern dabei zuzuschauen, wie sie Menschen zuschauen, die ihre Kunst anschauen. Was auch für Künstler keine schlechte Erfahrung ist: Wann haben sie sonst diese Gelegenheit – außer bei Vernissagen, wo sie eher mit Freunden und Gönnern beschäftigt sein dürften.

Im Rahmen des Düsseldorfer Rundgangs hingegen stellen sie sich einem Schauspiel, bei dem Kränkung und Bestätigung nahe beieinanderliegen: In jedem Raum sind mindestens zehn Objekte oder Gemälde von fünf bis zehn unterschiedlichen Künstlern zu sehen. Hier findet ein sehr ehrliches Ringen um die Aufmerksamkeit des Betrachters statt. Es ist ein bisschen wie eine Abstimmung mit den Füßen: Welches Werk ist stark genug, um im Getümmel, im Durcheinander, im Wettstreit zu bestehen?

Unzählige Menschen betreten einen Raum, lassen einen leeren Blick panoramamäßig über die Kunst hinwegschweifen und stürmen wieder weiter, in den nächsten Raum. Das ist für jeden Künstler ein echter Härtetest. Hier kann jeder selbst prüfen, ob sich seine Kunst im Überangebot behauptet.

Zu viel Interesse kann aber auch eine Kehrseite haben. »Bitte nicht anfassen!«, kommt es scharf aus der Sofaecke. Kunst, die noch nicht im Museum ist, veranlasst die Besucher anscheinend zu ungewöhnlich kindlichem Verhalten. Zum hundertsten Mal hat der in Schwarz gekleidete junge Bildhauer die Besucher heute schon zurechtgewiesen, wie er zerknirscht zugibt. »Für die Leute ist das eben Studentenkram, noch nicht im Museum angekommen.« Also fummelt jeder fünfte Besucher an den Objekten herum, um festzustellen, ob sie nun aus Stein oder Schaumstoff sind.

Das ist vielleicht die Antwort auf die Frage, was die Kunst in Düsseldorf ausmacht: Hier ist nicht nur die Kunst, hier sind auch die Künstler zum Anfassen.

Rühmlichster Duldungsgeist

Bergisch, pfälzisch, französisch, preußisch – in Düsseldorf regierten viele fremde Herren, aber die Stadt machte dabei oft Karriere als Residenz.

Als flexibel und tolerant gelten die Düsseldorfer. Noch Positiveres wird ihnen von Gästen und ahnungslosen Fremden selten nachgesagt. Die Offenheit der Düsseldorfer ist geradezu sprichwörtlich. Wie so etwas zustande kommt, ist schwer zu sagen. Wie konnte aus einem Dorf an der Düssel eine winzig kleine Weltstadt werden? Und aus einer gedrungenen Festungsstadt, die nur langsam über sich selbst hinauswuchs, eine Landeshauptstadt, berühmt für ihr Kultur- und Kunstangebot?

Es fing alles sehr bescheiden an. Und bezeichnenderweise ging der erste Impuls für eine über Jahrhunderte währende Fremdherrschaft ausgerechnet von Köln aus! Die erste urkundliche Erwähnung, die uns bekannt ist, stammt nämlich aus dem Jahre 1135. Ein Kölner Bürger hatte dort ein Haus erworben und wurde in der Quelle folgerichtig Heinrich von Dusildorp genannt. Die nächste wichtige Jahreszahl ist 1288. Wieder ist Köln involviert, diesmal aber auf der Verliererseite. Bei der Schlacht von Worringen unterliegt der Kölner Erzbischof dem Grafen Adolf von Berg. Das Datum kennt in Düsseldorf jedes Kind: der 5. Juni 1288. Daraus ergeben sich für das kleine, an der Mündung der Düssel in den Rhein gelegene Dorf unverhoffte Perspektiven: Graf Adolf verleiht ihm am 14. August 1288 die Stadtrechte. Nicht ganz uneigennützig, eignet sich dieses Dorf doch bestens als bergischer Stützpunkt gegen das erzbischöfliche Neuss. Aus Sicht des Historikers, für den nur urkundliche Erwähnungen zählen, ist Düsseldorf zu diesem Zeitpunkt ein junges Dorf: Kaiserswerth wurde 700 gegründet, Gerresheim 870; auch Bilk und Derendorf, die heute Stadtteile von Düsseldorf sind, erfreuen sich einer wesentlich früheren Erwähnung. Düsseldorf besteht zunächst nur aus zwei Straßen, und es wächst sehr bedächtig. Als aus den bergischen Grafen Herzöge werden, wird Düsseldorf zum ersten Mal in den Rang einer Residenzstadt erhoben. Herzog Wilhelm von Berg (1360–1408) fördert das Städtchen unter anderem dadurch, dass er Düsseldorf zur Zollstelle macht, auch die Befestigung wird fertiggestellt. Vor allem aber wächst Düsseldorf zum ersten Mal in seiner Geschichte auf Kosten anderer: Derendorf, Golzheim, Bilk und Kalkum werden unter der Ägide Wilhelm von Bergs der Stadt unterstellt.

Danach tritt in dem weitgehend von Ackerbau und Viehzucht lebenden Städtchen wieder Ruhe ein, denn sich über längere Zeit an einem Ort aufzuhalten, davon halten die Nachfolger des Herzogs nicht viel. Dafür ändern sich im 16. Jahrhundert dramatisch die Herrschaftsverhältnisse. Was die einfachen Menschen von diesem Machtwechsel mitbekommen, ist fraglich, doch in

Düsseldorf profitieren sie offenbar davon. Durch die Vermählung des Erbprinzen Johann von Kleve mit der einzigen Tochter Herzog Wilhelms von Jülich-Berg gehört Düsseldorf nämlich nach dem Tod des Herzogs bald zum neu entstandenen Herzogtum Kleve-Jülich-Berg. Diese komplizierten Umbrüche sind für den Nichthistoriker bisweilen reichlich strapaziös. Sie laufen aber immerhin darauf hinaus, dass Düsseldorf nun dem größten Territorialverband am Niederrhein angehört. Und die Stadt geht aus dem Heckmeck als Gewinnerin hervor. Als neue Haupt- und Residenzstadt eines beachtlichen Herrschaftsbereichs erlebt Düsseldorf einen außergewöhnlichen Aufschwung.

Anstelle der abgebrannten Burg wird ein Residenzschloss errichtet, es werden zahlreiche Repräsentationsbauten in Auftrag gegeben, und 1540 wird die Stadt in den Rang einer Landesfestung erhoben. Was nichts anderes bedeutet, als dass sie nun mit einer sternförmig gezackten Festungsmauer umschlossen wird. Angesichts des weltläufigen, offenen Charakters, den die Stadt heute hat, wirkt diese Vorstellung im Grunde absurd. Auf Zeichnungen aus dieser Zeit sieht sie eher aus wie ein Gefängnis als wie eine Stadt. Die Festung Düsseldorf, die sich grimmig nach allen Seiten abschirmt, dient wechselnden Landesherren, die sich ihrer bedienen und im Zweifelsfalle nach Belieben bemächtigen, ohne dazu eine einzige Lanze heben, eine einzige Kanone auffahren zu müssen. Auch eine Zitadelle wird dem Bollwerk-Zickzack im äußersten Südwesten angehängt (Teile von ihr sind heute noch an der Zitadellstraße zu besichtigen), zum Einsatz kommt sie aber nie. Düsseldorf wird samt dem Landesteil, dem die Stadt gerade angehört, weitergereicht – und lebt dabei gar nicht schlecht. Die jeweils neuen Herren schmücken sich mit ihr wie mit einer schönen Brosche, und sie polieren das gute Stück sogar immer noch ein bisschen auf.

Der Glanz, den sich die Herzöge und Kurfürsten damit verleihen wollen, strahlt natürlich immer auch auf das Residenzstädtchen ab. Die Festung wächst nach innen, 1570 wird mit dem Bau des neuen, prunkvollen Renaissance-Rathauses am Markt begonnen. Großzügig und weit kann sie aber erst später werden, außerhalb der Festungsmauern. Vielleicht liegt ja deshalb in Düsseldorf alles Gute so ungeheuer nah beieinander, weil die Düsseldorfer so lange in der Enge der Festungsstadt leben mussten. Hineingequetscht und fröhlich aufeinander losgelassen, blieb ihnen nur das Vertrauen darauf, dass auch der nächste Landesherr wieder mehr Gutes als Schlechtes in das rheinische Gemeinwesen bringen würde.

Der Neue, das wird nach dem Aussterben des klevisch-jülich-bergischen Geschlechts und dem unausweichlich folgenden jülich-klevischen Erbstreit am Ende der Pfalzgraf Wolfgang Wilhelm (1614–1653). Jülich-Berg gehört nun zu Pfalz-Neuburg, was mit dem Niederrhein und dem Bergischen schlichtweg gar nichts zu tun hat; nichtsdestotrotz verlegt auch der Pfalzgraf seine Residenz flugs nach Düsseldorf. Mit dem neuen Herrscher hält die Gegenreformation in der Stadt Einzug. Die Jesuiten übernehmen das Gymnasium, zahlreiche Klostergründungen sind zu vermelden, ohne dass deswegen die Protestanten ihres Weges ziehen müssten. Das 17. Jahrhundert bringt der Stadt kaum Schäden durch den Dreißigjährigen Krieg, dafür aber Bevölkerungswachstum und wirtschaftlichen Fortschritt. Im Düsseldorf-Atlas des Emons Verlags vermerkt der Leiter des Stadtarchivs, Clemens von Looz-

Corswarem: »Das frühbarocke Düsseldorf wurde eine weltoffene Residenzstadt, die durch die neu eingerichteten Postlinien und Schifffahrtsrouten mit den europäischen Metropolen verbunden war.« Am Ende 17. Jahrhunderts ist die Stadt trotz der Beschränkungen, die ihr der weitere, ausgebaute Festungsring auferlegt, auf 8500 Einwohner angewachsen.

Und der Beste kommt erst noch bzw. hat sein Werk bereits begonnen. In Gestalt eines der 17 Kinder des Kurfürsten Philipp Wilhelm, der 1690 stirbt, aber bereits 1679 die Geschäfte Jülich-Bergs an seinen Sohn Johann Wilhelm II. übergibt. Sein Nachfolger wird 1658 in Düsseldorf geboren, und er tut alles, um nach der Logik absolutistischer Herrscher seiner Residenzstadt und damit seiner Herrschaft Glanz und Glorie zu verleihen. Je prächtiger die Hofhaltung, je glamouröser die Residenz, desto bedeutender und machtvoller der Alleinherrscher. Der Schein ist nicht nur mehr als das Sein, der Schein ist (fast) alles. Fast, denn bezahlt werden muss der Spaß schließlich auch. Spätestens seit Ludwig XIV. ist das im westlichen Europa für jeden Fürsten, der beim europäischen Adel mitreden möchte, ein Muss.

Der Pfälzer Kurfürst Jan Wellem, wie ihn die Düsseldorfer liebevoll nennen, sorgt erst einmal für nächtlichen Glanz, indem er eine Straßenbeleuchtung installieren lässt. Vor allem aber tut er etwas für die Kultur. Für seine Gemäldesammlung lässt er neben dem Schloss das Galeriegebäude errichten. Die berühmte Sammlung, die zahlreiche Werke von Rubens enthält, zieht Reisende aus ganz Europa an. Noch wichtiger aber ist, dass die Galerie für Schriftsteller, Künstler und Geistesmenschen zum wichtigen Treffpunkt wird. Sie bleibt es über Jan Wellems Tod hinaus, wie man den Erinnerungen Johann Wolfgang von Goethes entnehmen kann. Der Geheimrat erwähnt die Galerie als Ort geistreicher Gespräche, logiert aber nicht in Düsseldorf, sondern lieber in Pempelfort, außerhalb der städtischen Wehranlagen, auf dem in lieblicher Gartenumgebung gelegenen Gut des weltgewandten Zuckerfabrikanten Jacoby.

Wie andere Herrscher vor ihm plagt sich auch Jan Wellem mit der Frage, wie man eine Stadt vergrößert, deren Größe durch die Wehrmauern vorgegeben ist, auf welche man in derart unruhigen Zeiten gleichwohl nicht verzichten kann. »Extension« heißt das Zauberwort, Stadterweiterung. Aus der angestrebten Verdoppelung der Stadtfläche wird bis zum Tode des kunstsinnigen Herrschers freilich nichts mehr. Immerhin schafft er noch den Sprung über die Mauern und lässt außerhalb der Festung Kasernen anlegen.

Mit dem Tod Jan Wellems verliert die Stadt 1716 nicht nur ihren vielleicht größten Förderer, auch der Rang einer Hauptstadt ist für fast ein Jahrhundert dahin. Den Bruder Jan Wellems zieht es nach Mannheim, in die von ihm selbst neu gegründete Residenz der Pfalzgrafen bei Rhein. Ein gewaltiges Barockschloss und eine nach dem Schachbrettmuster entworfene Stadt sind hier sein Werk. Die Straßen sind nach Zahlen und Buchstaben durchnummeriert, alles läuft auf das Schloss und damit auf den Herrscher selbst zu. Es dauert bis zum Jahre 1780, ehe auch Düsseldorf als Ergänzung zu den eher krummen denn mustergültigen Straßen und Gassen sein Straßenschachbrett erhält. Der nötige Raum wird durch das Zuschütten der inneren Festungswerke gewonnen. Hier entsteht die Carlstadt mit dem Carlsplatz.

Mittlerweile ist die Stadt nur noch der Sitz eines aus der fernen Zentrale entsandten Statthalters. Der Herrscher ist sogar noch weiter weg als es der Mannheimer Karl Philipp schon war. Weil die bayrische Wittelsbacher-Linie ausgestorben ist, tritt Karl Theodor aus dem Haus Pfalz-Sulzbach in München die Herrschaft an. Weder die Münchner noch der Pfälzer werden miteinander richtig glücklich. Genauer muss man das hier nicht erörtern. Es besteht aber kein Zweifel, dass die Münchner von 1805 an mit der Kunstsammlung Jan Wellems (»jene berühmte Galerie, die Männer von Geschmack aus allen Teilen Europas anzog«, John Carr 1806) sehr froh werden. Die wird nämlich komplett nach München abtransportiert. Den Ruf als bedeutende Kunststadt aber vermag selbst diese dreiste Transaktion Düsseldorf nicht mehr zu nehmen. Bereits 1773 war die 1762 gegründete Zeichenschule in den Rang einer kurfürstlichen Kunstakademie erhoben worden.

Residenzstadt wird Düsseldorf dann doch noch einmal, wenn auch nur kurz und auf militärischen Umwegen. Wieder wechseln die Machthaber, diesmal wechselt sogar die Regierungssprache. Für sechs Jahre, von 1795 bis 1801, wird die Festung von französischen Revolutionstruppen besetzt. Ihre letzte Amtshandlung besteht darin, die Festungswerke zu sprengen und zu schleifen. Aber die französischen Machthaber haben mehr als Zerstörung im Sinn. Für die Haupt- und Residenzstadt des neu geschaffenen Großherzogtums Berg, das am Ende Napoleon selbst regiert, wird in einem vom Kaiser erlassenen Dekret zur Verschönerung von Düsseldorf ein Plan zur Umwandlung der Festungsanlagen in Parkanlagen entworfen. Diese Entwürfe sind so überzeugend, dass sie, verfeinert und von Gartenbaudirektor Maximilian Friedrich Weyhe über Jahrzehnte hinweg vorangetrieben, 1835 aber von der als sparsam bekannten preußischen Regierung genehmigt werden.

Dieser Grüngürtel ist im Wesentlichen bis heute erhalten geblieben. Er reicht vom sich im Norden ausbreitenden und in einer weiten Kurve nach Süden abknickenden Hofgarten über die Einbindung der Kö mit dem Kö-Graben und den Kaiserteich im Süden (ehemaliges Ständehaus) bis zum Spee'schen Graben an der Bastion Maria Amalia.

Was die Düsseldorfer in ihrer Randlage am Rhein gewiss gelernt haben, ist Flexibilität. Eine Eigenschaft, die für Handel, Finanzen und Industrie unentbehrlich ist. Mit einiger Verspätung beginnt auch in Deutschland das Zeitalter der Industrialisierung. Die ehemalige Festungs- und Residenzstadt Düsseldorf jedoch soll mit ihrem feinen Grüngürtel zur Gartenstadt werden. Die Stadt bekommt Parks und Teichanlagen, auf dem Grundriss der geschleiften Wallmauern entsteht die Königsallee. Sie heißt allerdings zunächst »Kastanienallee«. Erst 1851 wird sie umbenannt, ein Akt der Reue und des schlechten Gewissens. Denn im unruhigen Revolutionsjahr 1848 hatten Düsseldorfer Bürger den preußischen König Friedrich Wilhelm IV. bei einem Besuch nicht mit Kamelle, sondern mit Pferdeäpfeln beworfen.

Im 19. Jahrhundert wird die einst schicke Festung, in der es sich über Jahrhunderte offenkundig gut residieren ließ, zur Wirtschaftsmetropole, in der sich nicht nur die Firmenzentralen der Großindustrie ansiedeln, sondern auch mannigfaltige Produktionsbetriebe der Schwerindustrie. Th. J. J. Lenzen preist seinerzeit nicht nur die günstige

Lage der Stadt am Rhein als Standortvorteil an. Er verweist auch auf den »rühmlichsten Duldungsgeist« und die Tatsache, dass die Düsseldorfer »schlau und zu jedem Gewerbe geeignet« seien. Mit Düsseldorf scheint es, zumindest zu jenem Zeitpunkt, so zu stehen wie mit den Niederländern: Sie können mit jedem umgehen, weil sie es sich, wenn sie gute Geschäfte machen wollen, aufgrund der Größenverhältnisse gar nicht leisten können, wählerisch im Umgang zu sein.

Zu Beginn des 19. Jahrhunderts ist es zudem ein großer Vorteil, nahe an dem damaligen Hauptindustriegebiet zu liegen, dem Bergischen Land mit seinen textilverarbeitenden Betrieben, sowie Wuppertal und Solingen mit Rohstoffen beliefern zu können. Entscheidend wird zudem ab 1848, als der Staat die Förderung der Schwerindustrie entdeckt, dass man in Düsseldorf auch über das nötige Kapital und technologische Know-how verfügt. Die Nähe zum Ruhrgebiet, wo es Kohle und Erz gibt, erweist sich nun als ebenso vorteilhaft wie der Standort am Rhein, dem Tor zum Weltmarkt. Dampfschifffahrt und Eisenbahn beschleunigen und erleichtern den Transport im großen Stil. 1850 gibt es in Düsseldorf bereits 13 Bankhäuser. Ab diesem Zeitraum beginnen sich belgische Unternehmen in der Stadt anzusiedeln. Hinter dem Bahnhof und in Oberbilk entstehen die Kesselwerke und das »Oberbilker Stahlwerk«. Und jede Menge Röhrenwerke werden ebenfalls gegründet, bis hin zu den »Deutsch-Österreichischen Mannesmann-Röhrenwerken« der Gebrüder Mannesmann, die sich 1897 in Rath niederlassen. Heinrich Ehrhardt gründet 1889 in Derendorf die »Rheinische Metallwaren- und Maschinenfabrik«, später besser als Rheinmetall bekannt. Und 1878 siedelt ein gewisser

Fritz Henkel mit seiner chemischen Fabrik von Aachen nach Düsseldorf um, in den Stadtteil Holthausen.

Aus der früheren Gartenstadt ist mittlerweile eine Röhren-, Dampfkessel- und Persilstadt geworden. Rath, Derendorf, Oberbilk, Reisholz, Lierenfeld, Flingern und Holthausen – so heißen die neuen Stadtteile, in denen kräftig geschuftet wird. Es folgen nun auch die großen Verbände, etwa der Stahlwerkverband – die Stadt wird zum »Schreibtisch des Ruhrgebiets«.

1802 lebten ungefähr 10 000 Menschen in Düsseldorf. Anfang des 20. Jahrhunderts zählt die neue Wirtschaftsmetropole bereits mehr als 314 000 Einwohner. Nach den Eingemeindungen von 1908 und 1929, bei denen weiter entfernte Orte wie Benrath, Kaiserswerth, Himmelgeist, Urdenbach und Gerresheim ins Stadtgebiet einverleibt werden, sind es sogar 472 000.

Kurz vor dem Ersten Weltkrieg schließlich träumen die Düsseldorfer den Traum von der Millionenstadt. Daraus wird dann doch nichts, aber groß ist die Stadt mittlerweile durchaus, wenn auch nur als eine von vielen Städten der preußischen Rheinprovinz. Hauptstadt darf sie sich indes erst seit dem 1. August 1946 nennen. An diesem Tag erhält der erste Ministerpräsident des von den Briten neu geschaffenen Landes Nordrhein-Westfalen, Rudolf Amelunxen, von der britischen Regierung die Nachricht, dass Düsseldorf »the capital« sein wird. Zu verdanken hat die Stadt das vermutlich ihrem Standortvorteil als »Schreibtisch des Ruhrgebiets«. Außerdem hatte seinerzeit die britische Militärregierung für die betreffende Zone hier ihren Sitz. Die konstituierende Sitzung des neuen Landtags findet am 2. Oktober 1946 im Opernhaus statt. Sehr opulent darf man sich diesen Akt in der stark zerstörten

Stadt nicht vorstellen. 80 Prozent der Gebäude sind nach den zahlreichen Bombenangriffen beschädigt oder zerstört. Die Wohnungsnot ist groß. Erst zweieinhalb Jahre später wird das schwer beschädigte ehemalige Ständehaus am Kaiserteich so weit wiederhergestellt sein, dass es zum Landtag werden kann. Fast 40 Jahre lang werden hier die Sitzungen der Abgeordneten stattfinden.

Wieder durch Fremdbestimmung, nicht durch eigenen Entschluss ist Düsseldorf also zur Landeshauptstadt geworden – eines Landes, von dem noch nie jemand etwas gehört hatte. Die Verschmelzung des Nordteils der ehemaligen preußischen Rheinprovinz mit der Provinz Westfalen hat Volksstämme zusammengebracht, wie sie gegensätzlicher kaum hätten sein können. Knorrige Ost-Westfalen, schweigsame Nord-Münsterländer, erdenschwere Sauerländer – sie alle sind im Zusammentreffen mit Rheinländern ein Erlebnis, vor allem, was die Kommunikationsanbahnung angeht. Wer einmal die Schlagfertigkeit und den trockenen Witz des Ruhrgebiets Richtung Osten hinter sich gelassen hat, weiß, wovon ich rede.

Kurios ist in diesem Zusammenhang noch eine weitere Tatsache: Unter dem kryptischen Kürzel »NRW« kann man sich außerhalb von Deutschland meist überhaupt nichts vorstellen. Begriffe wie UKW, RTL und AKW sagen einem Franzosen weit mehr als der Codename für Nordrhein-Westfalen.

Wie der nördliche Teil eines großen europäischen Stroms (der an dieser Stelle noch gar nicht seinen nördlichen Teil erreicht hat) und das ehemalige Königreich Westfalen miteinander zusammenhängen, das wird wohl auf ewig das Geheimnis der Preußen, der Briten und der Nordrhein-Westfalen selber bleiben.

Wo keiner hingeht, aber alle sind

Die längste Theke der Welt: die Altstadt als peinlich-prachtvolles Kraftzentrum der Stadt

Die Altstadt. Sofern eine Stadt einen Stadtkern besitzt, der ohne größere Übertreibung noch so bezeichnet werden darf, weisen schon von Ferne jede Menge Schilder auf diesen touristischen Tatbestand hin. Dem Charme der Altstadt kann kein Besucher entfliehen, der engen Gassen und schmalbrüstigen Häuser, der zerfledderten Fassaden und milchbäuchigen Fenster, hinter denen sich auf engem Raum doch wahrlich privates Leben abzuspielen scheint. Für eine solche possierliche Stille, einen mit Hinweistafeln und Andenkengeschäften garnierten Kleine-Welt-Frieden wurde das Wort »pittoresk« erfunden (und von Reiseredaktionsleitern mittlerweile wieder verboten). Genau das ist die Düsseldorfer Altstadt nicht, und wo sie es doch ist, ist sie schon nicht mehr die Altstadt, sondern heißt »Carlstadt« und liegt gleich nebenan.

Der Düsseldorfer Altstadtkern ist so etwas wie ein Rummelplatz, der erst abends richtig aufmacht. Die Leute, die in die Altstadt gehen, wissen, was sie tun. Auch wenn sie bloß zum Einkaufen kommen – dieser älteste Teil der Stadt hat schließlich fast ebenso viele Geschäfte wie Kneipen zu bieten. Die Gemütlichen wie die Lebenshungrigen, die Jungen wie die Alten – sie alle gehen nicht in die Altstadt, um Stein gewordene Geschichte zu bewundern, sondern um möglichst viel Leben zu finden. Nicht immer die gleiche Art von Leben. Das wirkt vielleicht so, wenn man nur den gnadenlosen Mahlstrom des Straßenkarnevals kennt, entspricht aber nicht der Wahrheit. Nein, in den Kneipen und Diskotheken suchen ganz viele ganz Unterschiedliches. Das Hauptziel mag der Rausch sein, klar, aber der wird auf unterschiedliche Weise, mit unterschiedlicher Konsequenz und, im Hinblick auf seinen Zweck, mit abgestufter Zielausrichtung verfolgt. Als Medium der Wahl kommt längst nicht mehr nur das berühmt-berüchtigte braune Biergetränk namens Alt infrage.

Die Altstadt ist ein Alkoholorganismus mit mehreren Zentren und unterschiedlichen Peripherien. Eine als Fußgängerzone deklarierte Mischung aus Partnerbörse und Kreativzone, wo körperliche und seelische Abstürze ebenso zu beobachten sind wie nackte Gier, aber auch Beispiele tiefsten Seelenfriedens. In die Altstadt kommen einfach alle, was nicht heißt, dass man unbedingt gleich viel miteinander zu tun haben muss. Aber wer denkt, dass nur die Biertouristen hier auflaufen, der irrt. Die kommen zwar durchaus, aus dem Ruhrpott, aus Leverkusen, dem Kreis Neuss oder Mettmann, wenn nicht gar von weiter her, mit Kegelvereinen, für Junggesellenabschiede, um ihr Ausscheiden aus dem Wehrdienst zu feiern. Aber die Einheimischen sind genauso mit von der Partie. Der kürzeste Witz der Welt lautet bekanntlich: Geht ein Journalist an einer Kneipe vorbei. So leicht sich dieser Witz auf andere Berufsgruppen übertragen lässt, so bunt ist das Düsseldorfer Altstadtpublikum gemischt.

200 bis 250 Kneipen (die Angaben schwanken sehr) in höchstens zehn Straßen: Man hat eine breite Auswahl, die Nichttrinker ekelerregend eintönig, Trinker hingegen äußerst differenziert finden werden. In der Altstadt kommt man in zwei Minuten von Mallorca nach Amsterdam und von Dublin bis Paris. Das ist ein Weltrekord, der allerdings nicht ins Guiness-Buch aufgenommen zu werden braucht. Dort wird bekanntlich nur dem verkrampften Selbstzweck-Weltrekord gehuldigt – wer isst schon freiwillig eine 200 oder auch 500 Meter lange Bratwurst? In Düsseldorf ergibt sich das Rekordverdächtige ganz von selbst. Woher ich das weiß? Sie ahnen es bereits: Ich bin selbst viele Jahre in diese Altstadt gelaufen wie ein Mäuschen in die Käsefabrik.

Es gibt immer wieder Düsseldorfer, die betonen, dass sie die Altstadt meiden, weil das eine Touri-Falle sei. Man trifft diese Verächter vielleicht später trotzdem in der Altstadt, bestgelaunt und mit einem Gesichtsausdruck, der besagt, dass sie mit sich und der Welt gerade rundum zufrieden sind. Das hängt zunächst damit zusammen, dass der Düsseldorfer an jedem Tag, den Gott auf dieser Erde werden lässt, viel zu sagen hat und sich generell nicht alles merken kann. Zum anderen aber kann er das reinen Gewissens so sagen, weil er von jenem Teil der Altstadt gesprochen hat, in den er persönlich niemals gehen würde. Der Düsseldorfer geht zum Beispiel auf die Ratinger Straße oder in eine ganz bestimmte Kneipe in einer ganz bestimmten anderen Straße. Dieser spezielle Ort zählt dann für den Betreffenden nicht zur Altstadt. Wer das für spitzfindig hält, sollte Debatten zu dem Thema lieber vermeiden. In Düsseldorf hat jeder seine eigene Altstadt. Natürlich, es gibt die Hausbrauereien: das »Uerige«, das »Füchschen«, »Zum Schlüssel« oder »Goldener Kessel« (eine Dependance des »Schuhmachers«), und zweifellos liegen die alle mehr oder weniger mitten in der Altstadt. Aber wenn man ins »Uerige« geht, geht man eben ins »Uerige«, und fertig. Die Altstadt, das ist viel mehr.

Aber eine Straße nach der anderen. Fangen wir mit »El Arenal« an. Buchen wir für fünf Minuten »Ballermann« und beginnen unseren kleinen Altstadt-Bummel auf der Bolkerstraße, der Hauptstraße der Altstadt. Dieser Boulevard der Dämmerung führt Sie dorthin, wo Sie vorhin, als Sie noch auf der Königsallee kleine Pariser Momente erlebt haben, nie im Leben hinwollten. Und schon sind Sie hier! Genau jetzt kommen Sie an singenden, schunkelnden Menschengruppen vorbei, mitten im Sommer! Mit großen Augen gehen Sie an einer Reihe von Gaststätten entlang, aus deren offenen Türen ein solcher Lärm dröhnt, dass Sie sich nur wundern können, wie viele Leute sich davor in Korbstühlen niedergelassen haben, mit einem versonnenen Gesichtsausdruck, als läge der Strand von Rimini gleich um die Ecke.

Vorsicht! Jetzt wären Sie beinahe an der Schneider-Wibbel-Gasse vorbeigelaufen. Aber das müssen Sie gerochen haben. So riecht Spanien. Zum Beispiel nach Knoblauch und Grillfleisch! Mehr Spanien kriegt man beim besten Willen auf den paar Hundert Quadratmetern hier nicht unter. Bei genauer Betrachtung werden Sie feststellen, dass gleich mehrere spanische Restaurants sich hier um Kundschaft bemühen. Aber versuchen Sie mal zu sagen, wo der Bereich des einen beginnt und der des anderen aufhört. Es gibt übrigens noch mehr davon in der Altstadt, auf der Berger Straße zum Beispiel, aber die können Sie sich jetzt auch schenken. Einmal durchgehen reicht, Sie werden glauben, keinen Schritt weitergehen zu können. Am liebsten würden Sie sich setzen, aber Sie sind ja verabredet und wollten sich nur ein bisschen die Wartezeit verkürzen.

Jetzt sind Sie halb mittendrin und halb schon wieder raus. Gehen Sie am besten durch die Kapuzinergasse nach Norden zurück zur Bolkerstraße, überqueren Sie diese, und wenden Sie sich dann nach links, um auf die Kurze Straße zu gelangen. Kramen Sie jetzt bitte in Ihrer Erinnerung nach den paar Brocken Niederländisch, die Sie immer in Amsterdam vor sich hin gemurmelt haben, wenn Sie sich in eine der kleinen Kneipen hineingezwängt haben. Hier sieht es so ähnlich aus, lauter Ein-Fenster-Kneipen: eine Tür zum Reinkommen, ein Fenster zum Rausgucken und fertig. Eine neben der anderen. Im »Engelchen« spielt heute Abend eine Drei-Mann-Band zum offenen Fenster hinaus. Damit ist die Kneipe eigentlich schon voll, so viel Krimskrams hängt drin. Aber zwischen der winzigen Theke und den wenigen Tischen haben noch jede Menge sehr lässig gekleideter Leute Platz gefunden. Ob die jemals in Arenal waren? Viel zu jung dafür, viel zu cool. Hier dröhnt zwar auch laute Musik, aber nicht gerade Party-Mucke für die nächste Polonaise. Kein Mickie Krause mit »Geh doch zu Hause du Alte Scheiße«, sondern eher Independent Rock, die härtere Schiene. Mal nachgerechnet? 50 Schritte vom »Ballermann« bis zum »Paradiso« in Amsterdam, nicht schlecht. Und am Ende der Kurzen Straße treffen Sie jetzt noch auf die schlichteste, unprätentiöseste Bar, die Sie je gesehen haben. Die »Melody Bar«, so fein und still, dass sie jahrelang am Samstag ihren Ruhetag einlegte, um sich ein zum Wochenende einfallendes Spezialpublikum vom Leib zu halten.

Wo sind Sie jetzt? Am Ende einer kurzen Straße, in der Obdachlose zwischen aufgehübschten jungen Frauen und desinteressierten jungen Männern Einkaufswagen voller leerer Bierflaschen vor sich herschieben. Im Film gäbe es jetzt einen kurzen Schwenk zurück zum Marktplatz oder zum Burgplatz, vor allem im Sommer, weil man dann ein tolles Panorama sieht, mit dem Rhein und ganz vielen Leuten auf einer Freitreppe. Zur Ratinger Straße schlagen wir aber einen anderen Weg ein. Ausgelassen werden jetzt eine Vielzahl unterschiedlicher Gaststätten. Ebenso lassen Sie bitte die Jazz-Kneipen links liegen, auch die in der Mertengasse, und die diversen Irish-Pubs, zum Beispiel das grandiose »Bei Fatty« auf der Hunsrückenstraße. Stattdessen überqueren Sie bitte die zweispurige Mühlenstraße.

Man könnte denken, dass hier die Altstadt endet, aber da kommt noch einiges. Statt die Liefergasse und einige weitere legendäre Wirtschaften wie die »Kneipe« zu passieren, halten Sie sich nun links und gehen den längeren Weg über einen kleinen Platz. Hier kommen Sie an weiteren Kneipen-Klassikern vorbei, etwa an der »Pille«, doch nur, um kurz darauf in eine stille Welt einzutreten, in der der Lärm der Feiernden schlagartig verstummt. Sie laufen an Patrizierhäusern aus Backstein entlang und erreichen den Stiftsplatz, wo die Lambertuskirche mit ihrem verdrehten Glockenturm steht, eine der vier katholischen Altstadtkirchen und das älteste Bauwerk der Stadt. Nur ein paar Schritte von diesem Platz entfernt ragen die Ziegelmauern des Klosters Theresienhospital auf. Im April 2008 machte der Laden seine Schotten dicht. Zuletzt waren nur noch zwölf Schwestern da, um mehr als hundert an Demenz und Alzheimer erkrankte alte Menschen zu pflegen. Jetzt soll das 1912 erbaute Klosterkrankenhaus in hochpreisige Eigentumswohnungen umgewandelt werden. Eine traumhafte Lage, direkt am Rhein, direkt in der Altstadt. Und trotzdem weitgehend lärmfrei. Ein erstaunliches Plätzchen.

Das Theresienhospital mit der St. Josefskapelle, die man vom Stiftsplatz aus sehen kann, war und ist nicht das einzige Kloster, das so zentral gelegen ist. Bis heute befindet sich direkt am vielleicht versoffensten Platz der Altstadt ein unscheinbares Dominikanerkloster. Viele der kleinen Zimmer haben das Fenster zum Vorplatz der St.-Andreas-Kirche hinaus, wo nachts Flaschen zu Bruch gehen und das Gewürge der Zecher über den Platz hallt. Die Altstadt macht den Ordensbrüdern das Leben nicht immer leicht, aber sie sehen darin keinen Grund, sie zu verlassen, wie Pater Wolfgang Sieffert, auch bekannt als ringender Bruder Wolfgang, mir einmal in seiner Kemenate mit großer Gelassenheit bestätigt hat. Die Dominikaner sind dafür bekannt, dass sie keine Berührungsängste haben, ihren Glauben sehr zupackend leben und sich sehr für Obdachlose einsetzen.

Die Buchhandlung Rudolf Müller ist ins Geburtshaus Heinrich Heines auf der Bolkerstraße gezogen. Früher war hier eine Kneipe, die nach der komischen Titelfigur einer Heine-Geschichte benannt war (»Aus den Memoiren des Herren von Schnabelewopski«), und unter dem Dach arbeitete das Literaturbüro NRW. Das war alles literarisch sehr korrekt, aber vom anregenden Geist des Dichters war in der Kneipe wenig zu spüren. Übrigens kam Harry Heine sowieso nicht im schlichten, aber handfestbürgerlichen Straßengebäude, sondern im Hintergebäude zur Welt. Jetzt ist in den ehemaligen Schankräumen in der Bolkerstraße 53 ein überraschend langer, heller Bücherschlauch mit hohen Decken eingerichtet worden. Ganz am Ende tut sich ein großes Café für Lesungen auf. Die Buchhandlung Rudolf Müller ist schon immer eine anspruchsvolle Buchhandlung gewesen. Das Adjektiv »literarisch« führte sie bereits im Titel, als sie noch in einer Seitenstraße der Altstadt angesiedelt war. Jetzt aber ist der Kontrast zwischen dem anspruchsvollen Programm von Rudolf Müller und dem Treiben draußen auf der Straße größer denn je. Er selbst sagt, die Besucher der Lesungen beispielsweise eines Cees Nooteboom erlebten förmlich einen Kulturschock, wenn sie später am Abend auf die Bolkerstraße hinausträten und dort vom Gebrüll und Gejohle der bierseligen Massen empfangen würden. »Aber«, sagt Müller, »irgendwie hat das schon wieder was. Da ist die Literatur gleich wieder im richtigen Leben.«

Ähnlich unsentimental und doch wieder fast romantisch sehen das zwei andere wichtige Kulturbotschafter dieser Stadt. So offiziell muss man es ausdrücken. Denn zu nichts anderem als Kulturbotschaftern wurden nach dem Krieg Kay und Lore Lorentz, als sie im zerbombten Düsseldorf ihr politisches Kabarett »Kom(m)ödchen« eröffneten, ausgerechnet in einer Ruinenkneipe auf der Hunsrückenstraße, in »Fatty's Atelier«. Der bescheidene Name wurde schnell zum Synonym für boshaft-kluge, kritische Kleinkunst. Dann folgte der Umzug in die neu errichtete Kunsthalle am Grabbeplatz, wohlgemerkt in deren hinteren Teil, mit dem Eingang zur Altstadt, nur ein paar

Schritte vom Vorplatz der St.-Andreas-Kirche. Seit die Gründer gestorben sind, führt Kay Sebastian Lorentz die Geschäfte. Noch immer mitten in der Altstadt, versteckt hinter der Kunsthalle, mitten im Biergetümmel. Nebenan war 37 Jahre lang die Galerie Schmela, bevor die Tochter Ulrike Schmela 2008 die legendären Räume am Mutter-Ey-Platz verließ, um nach Berlin zu ziehen. Dergleichen würde Kay Sebastian Lorentz im Traum nicht einfallen. In den Büroräumen – nicht im Theater, sondern auf der Bolkerstraße – erklärt er, in Deutschland gebe es für politisches Kabarett kein besseres Pflaster als Düsseldorf. Das erkenne man auch daran, dass er die höchsten Preise verlangen könne und das Publikum ihm trotzdem immer treu geblieben sei. »Die Leute haben hier über viele, viele Jahre gutes, literarisch anspruchsvolles Kabarett zu schätzen gelernt.« Weggehen, gar aus der Altstadt, ausgerechnet von einem Platz, der obendrein den Namen seiner Eltern trägt? Niemals. 2008 hat das Ensemble zum ersten Mal seit seinem Bestehen zwei Programme parallel gespielt.

Es gibt noch einen merkwürdigen Versammlungsort in der Altstadt, die Ratinger Straße. Sie bildet das Ende der Altstadt oder deren versteckten Anfang, je nachdem, woher man kommt. Für jene Düsseldorfer, die Wert auf die Feststellung legen, dass sie die traditionelle Altstadt nie im Leben betreten würden, liegt die Ratinger Straße ganz für sich und ist einfach nur »die Ratinger«. Ein Mikrokosmos, genau wie die Bolker oder die Kurze Straße. Sie liegt ein wenig abseits, und am Abend, wenn man vom Rhein kommt, kann man auf einsam hallendem Pflaster zu ihr finden, ohne zu erahnen, was gleich über einen hereinbrechen wird. Die Ratinger Straße gilt als Rückzugsgebiet, als Alternativprogramm zur Altstadt innerhalb der Altstadt selbst. Schließlich ist die Kunstakademie nur ein paar Schritte von hier entfernt, weshalb an der Theke ehedem eher bürgerlicher Kneipen, die »Zur Uel« oder »Ratinger Hof« heißen, seit jeher auch Künstler standen. Mittlerweile sind diese Lokalitäten von Malern und Musikern in eher unbürgerliche Treffpunkte von schlichtester Ausstattung verwandelt worden, mal bunter, mal einfacher, aber immer voll. Dazwischen liegen aber bis heute auch viele bürgerliche Gaststätten, die sich dem Andrang der nach Krach und bunter Farbe verlangenden Jugend widersetzen. Etwa die ebenso rappelvolle, aber durchweg gediegene Hausbrauerei »Füchschen« oder auf der Ecke über viele Jahre das »Ohme Jupp«, das inzwischen auch längst von der Jugendbewegung überrannt wird.

Mir ist ein Bild in Erinnerung geblieben: Drei alte Damen mit weißer Dauerwelle sitzen an einem kleinen Tisch vor einer Kneipe direkt neben dem »Einhorn« und nippen an einem lauen Sommerabend versonnen an ihrem Altbier. Die Kneipe heißt jetzt anders, die alten Damen sind weg. Eines jedoch ist gleich geblieben: Mittwochabends oder am Wochenende, wenn die Nächte lang werden, ist von der gegenüberliegenden Straßenseite garantiert nichts zu sehen, weil auf der Kreuzung zwischen »Ohme Jupp«, »Einhorn« und »Ratinger Hof« (»Stone«) immer mindestens tausend Leute herumstehen und sich gegenseitig zuquatschen. Die Straße ist dann abgesperrt, was eher symbolischen Charakter hat, denn Autos kämen eh nicht durch, selbst Fußgänger tun sich schwer. Man hört immer wieder mal die Behauptung, die Ratinger habe sich verändert, die klirrenden Bierflaschen sowie das brodelnde »Hastegehört« und »Weißteschon« gehörten der Vergangenheit an. Aber jedes Mal, wenn man an den einschlägigen Abenden nur kurz dort vorbeischaut, brüllt einem die Ratinger noch genauso gierig entgegen wie schon vor 20 Jahren. Natürlich hat sich das herumgesprochen, sodass sich der Eventeffekt für den Auswärtigen in bescheidenen Grenzen hält. Musik wird wegen der Anwohner, die es hier tatsächlich gibt, ohnehin nicht geduldet. Und bis auf die Leute, die direkt neben einem stehen, kann man ohnehin nichts sehen. Hier treffen sich Menschen, die sich kennen. Der Rest ist dem Zufall überlassen.

Schon immer galt, dass man als feierfreudiger Düsseldorfer sowieso alles darf. Nur eines sollte man vermeiden, nämlich ein »Altstadtgesicht« zu werden. So nennt man diejenigen, die den Absprung verpasst haben. Wenn die eigene *Peergroup* immer seltener auftaucht und schließlich gar nicht mehr kommt, bleiben Einzelgänger übrig, die weiter zwischen »Uel« und »Ohme Jupp«, zwischen »Weißer Bär« und »Pille« hin und her ziehen. Das Alter ist sowieso eine gemeine Angelegenheit, aber erst recht für solche Einzelgänger, die immer noch darauf hoffen, die Traumfrau zu treffen – es handelt sich eindeutig um ein Männerphänomen. Deswegen kann man zwar immer und in jedem Alter in die Altstadt rennen, nur nicht zu oft als einsamer Wolf. Düsseldorf ist klein, auf Dauer bleibt keiner unerkannt, und auch an der längsten Theke der Welt gibt es eben doch immer ein Wiedersehen.

Lecker Dröpke

Warum die Hausbrauereien als würdige Konkurrenz nur Münchens Biergärten fürchten müssen

Bei einem ersten Düsseldorf-Besuch lernt man meist viele Kneipen von außen, aber nur wenige von innen kennen. Zu diesen wenigen gehört in der Regel ein Klassiker, ohne den es einfach nicht geht und der deshalb als Geheimtipp etwa so viel taugt wie in München das Hofbräuhaus.

Die Folge ist, dass das »Uerige« von kritischen Zeitgenossen, die nicht dem Sog des Klischees und dem Herdentrieb nachgeben wollen, eher gemieden wird. Das ist verständlich, aber schade, denn Kneipen wie das »Uerige«, das »Füchschen«, der »Goldene Schlüssel« und das »Schumacher« suchen in Deutschland ihresgleichen. Sie haben etwas, was auch der neugierigste Tourist ihnen nicht nehmen kann, weil sich die Einheimischen unter keinen Umständen vom Besuch ihrer Lieblingshausbrauerei abhalten lassen. Wie sonst nur die Münchner Biergärten sind die Gaststätten der Düsseldorfer Hausbrauereien generations- und schichtenübergreifend beliebt. Wenn es stimmt, dass nur vor Gott und dem Barmann alle Menschen gleich sind, dann muss auf Düsseldorf bezogen hinzugefügt werden: auch vor dem Köbes.

Zum besseren Verständnis der berühmten Hausbrauereien sei hinzugefügt, dass die drei sich für den alteingesessenen Düsseldorfer nicht nur durch ihre Lage in der Stadt unterscheiden, sondern auch durch den Geschmack ihres Altbiers. Hinter dem Bekenntnis zum Füchschen- oder Schumacher-Alt stecken Glaubensfragen. Wenn ein Düsseldorfer zum Grillfest lädt und leidenschaftlicher Biertrinker ist, dann hat er immer nur *eine* Sorte vorrätig. Wer die Unterschiede schmeckt, sei beglückwünscht. Ich habe mir das manchmal auch eingebildet, aber nach dem dritten Glas konnte ich dem süffigen Malzaroma in der Regel doch keine Nuancen mehr abgewinnen. Nicht zufällig hält sich hartnäckig das Gerücht, bei Blindverkostungen genügten schon geringe Mengen Bier, um Kenner an der Frage scheitern zu lassen, ob sie gerade Alt oder Kölsch trinken. Beide Biersorten sind obergärig, da sollte man derartige Überlegungen nicht vorschnell abtun.

Von größerer Wichtigkeit scheint mir, dass mit dem Altbier der Hausbrauereien kein anderes Altbier mithalten kann. Auch das mag Einbildung sein, aber die Meinung wird von nicht wenigen Düsseldorfern geteilt. Für die besondere Frische von Altbier spricht, dass es keine lange Lagerung verträgt. In der Flasche muss es in der Regel innerhalb eines Monats nach Verkauf getrunken werden. Diese Flaschen haben zum Erfolg des Altbiers vermutlich eine Menge beigetragen. Es gibt sie sowohl in der 0,5- wie der 1-Liter-Version nur als klassische Bügelflasche. Und wenn so ein echter Düsseldorfer Jong den

Bügel wie in einem Karatefilm mit der Handkante vom Flaschenhals haut und ein lautes Plopp ertönt, so ist das für jeden Fremden eine echte Attraktion, glaubt der Düsseldorfer. Alt heißt das Bier, weil es nach alter Brauart hergestellt wird, nämlich unter fortgesetztem Ignorieren moderner Kühlverfahren. Wenn beim Gärvorgang 15 bis 20 Grad Celcius herrschen, steigt die Hefe im Gärbottich am Ende nach oben, deshalb heißt das Bier »obergärig«. Beim deutlich kühler gehaltenen Pils oder Lagerbier sinkt die Hefe nach unten: Das ist das untergärige Bier. Logisch, dass die Düsseldorfer glauben, durch das natürlich belassene Gären ein bekömmlicheres sowie vitamin- und mineralstoffreicheres Bier zu erhalten. Und tatsächlich: Den Unterschied etwa zu bayrischem Bier merkt man nach der Umstellung im Magen-Darm-Trakt.

Von den berühmten Hausbrauereien hat das »Uerige« zweifellos die beste Lage: prominent mitten in der Altstadt. In den letzten Jahren hat sich auf dessen treppengesäumten Vorplatz eine Art zweites »Outdoor-Uerige« entwickelt, mit eigenen Ausschankbuden, Stehtischen und Bierkästen – diesen hohen Dingern zum Abstellen von Gläsern, die ein bisschen aussehen wie hochbeinige Blumenkästen. An warmen Wochenenden ist vor dem »Uerige« kaum ein Durchkommen, so dicht gedrängt stehen die Trinker. Alle reden aufeinander ein, ohne dabei angespannt zu wirken, nur die Köpfe nehmen allmählich eine rötliche Färbung an. Wer ein wenig beobachten will, sollte sich aber lieber drinnen einen Platz suchen. Dort sind den Massen natürliche Grenzen gesetzt, und so stehen hier alle beieinander: die Jungen und die Alten, die Schönen und die weniger Schönen, die Werber und die jungen Manager, die Dynamiker und die Phlegmatiker.

Hier läuft keine Musik, so wenig wie in anderen Altbierkneipen. Stattdessen dröhnen Unterhaltungen durch den Raum, Prahlereien und im Brustton der Überzeugung hinausposaunte Erkenntnisse. Diese Kneipen sind noch mehr oder weniger deutlich zweigeteilt: Zum einen gibt es den mit Tischen ausgestatteten Bereich, wo ordentliche Hausmannskost aufgetragen wird, zum anderen die Schwemme, wo sich der Gast hauptsächlich zum Trinken einfindet und vom Köbes nur mit dem Notwendigsten versorgt wird. Köstlich sind im »Uerige« beispielsweise die Frikadellen.

Mein vorläufiges Fazit, das sich womöglich bloß Ignoranz und Unkenntnis verdankt: »Schumacher«, »Füchschen« und »Uerige« sind für mich die großen Drei. Ich halte sie alle für gleichermaßen besuchenswert. Das »Füchschen« ist sicher das Kompakteste und Gradlinigste. Das »Schumacher« an der Oststraße ist von bürgerlicher Wucht. Das »Uerige« ist labyrinthisch und weitläufig.

Hier wie dort braucht der Gast jedenfalls keinen Gedanken daran zu verschwenden, wie er sich das nächste Bier organisieren soll, wo eigentlich die Bedienung bleibt. Es gehört nämlich zum Selbstverständnis des Köbes (Kellner), das vom Zappes (Zapfer) bereitgestellte Glas so rasch wie möglich an den Kunden zu bringen. Ein leeres Glas wird dabei so schnell durch ein volles ersetzt, dass man sich manchmal gar nicht erinnern kann, ob es sich um ein frisches handelt oder um das vor zehn Minuten gebrachte. Die betont raubeinigen Kellner, die bisweilen eher wie Rausschmeißer auftreten, arbeiten nach wie vor auf eigene Rechnung. Sie kaufen beim Ausschank das Bier, schleppen es auf ihren großen Tabletts durch die schwankende Menge und verkaufen es in möglichst großer Stückzahl so schnell wie möglich weiter, an alle, die nicht rasch genug ablehnen. Nur die berühmten Köbes-Anraunzer sind mittlerweile eine Rarität geworden.

Und leider fragen die Köbesse auch seit einigen Jahren höflich: »Na, nehmt Ihr noch eins?« – statt einfach robust das Glas auf den Tisch zu donnern und den Gast dabei herausfordernd anzusehen. Früher wurde im »Uerige« nicht mal Schnaps ausgeschenkt, weil Hochprozentiges dem Trinker den Schwung beim Biernachfassen nimmt und damit das Geschäft verdirbt. Trotzdem, dieses behaglich-bürgerliche Vergnügen ist immer noch eine Empfehlung, weil es sich in dieser Ursprünglichkeit an nicht mehr vielen Orten erleben lässt.

Auch die »Toten Hosen« bekennen sich übrigens zum niederrheinischen Nationalgetränk. Sie haben Hans Ludwig Lonsdorfers »Düsseldorfer Altbierlied« so laut gesungen, dass man einerseits von Punk-Ironie sprechen kann, andererseits von der lautesten oder zumindest launigsten Liebeserklärung, die diese Stadt je bekommen hat.

Op dä schäl Sick

**Die falsche Seite ist 40 Kilometer weg.
Die rheinischen Schwestern
Köln & Düsseldorf**

Dass im Verhältnis zwischen Düsseldorf und Köln etwas nicht stimmt, habe ich das erste Mal bei der Heimfahrt nach einer Theaterpremiere im Kölner Schauspiel bemerkt. Ich versuchte, zu vorgerückter Stunde die Autobahn nach Düsseldorf zu finden, und ich brauchte lange, bis ich dahintergekommen war, dass es wenig Zweck hatte, sich nach den blauen Hinweisschildern zu richten. Die nächstgrößere Stadt in nördlicher Richtung stand einfach nicht dran. Ich jagte auf der Suche nach der richtigen Autobahn durch das nächtliche Köln, wobei ich das bizarre Einbahnstraßensystem der im Geiste der mittelalterlichen Stadtanlage wiedererrichten Metropole ein ums andere Mal verfluchte. Irgendwann kapierte ich dann, dass, wer nach Düsseldorf will, Richtung Krefeld fahren muss – das war ausgeschildert. Den Rest der Fahrt grübelte ich darüber nach, warum die eindeutig kleinere Stadt als Hauptrichtung angegeben wird, obwohl die Landeshauptstadt näher liegt. Darauf gab es nur eine einzige halbwegs einleuchtende Antwort: Köln hat mit Düsseldorf offenbar ein Problem.

Wer nun auf die Wendung »und umgekehrt« wartet, kann lange warten. Die berühmte Hassbeziehung der verfeindeten rheinischen Schwestern geht aus meiner Sicht ganz klar zu Lasten von Köln.

Das merkt man schon daran, dass man bei einem Kölner Köbes (sie heißen dort genauso wie in Düsseldorf) nie im Leben ein Altbier bestellen kann. Im Düsseldorfer Hafen hingegen gibt es längst eine Gaststätte, die Kölsch ausschenkt. Zu so viel rheinischer Toleranz und Souveränität hat es Köln noch nicht gebracht.

Für die größte Stadt Nordrhein-Westfalens hat es nach dem Krieg zwei Demütigungen gegeben, die der gefühlten Größe Kölns Hohn gesprochen haben: Ausgerechnet Bonn wurde Bundeshauptdorf, und ausgerechnet Düsseldorf wurde Landeshauptdorf. Die wahre Metropole aber, die einzige Rheinstadt, deren Einwohnerzahl fast die Millionengrenze erreicht hatte, versank im Niemandsland zwischen Hamburg, München und Berlin neben ihren Nachbargemeinden in Bedeutungslosigkeit. Derartiges erscheint dem Kölner zwar unbegreiflich, ist aber noch lange kein Grund, an sich selbst zu zweifeln. »Die Kölner sind besoffen von Köln«, hat mir der Kölner Verleger Hejo Emons einmal gesagt. »Ich könnte jeden Tag ein neues Buch über Köln machen, und alle würden mir aus den Händen gerissen.« Das sei zwar toll, aber er könne ja nicht nur Bücher über Köln machen. Außerdem müsse man ja auch immer eine halbwegs gute Idee haben.

Tatsächlich übertrifft die Zahl der Buchveröffentlichungen über Köln diejenige über Düsseldorf um Längen. Was sich an Bildbänden und Monografien mit der Stadt Düsseldorf beschäftigt, ist recht überschaubar. Der Heimatverein »Düsseldorfer Jonges« sammelt diese Produktion akribisch, und der heimische Droste Verlag wirft tapfer in regelmäßigen Abständen neue Bücher über Düsseldorf auf den Markt. Aber verglichen mit dem Kult, den Köln mit sich selber treibt, wirken diese Bemühungen allenfalls rührend. Düsseldorfer neigen dazu, etwas spöttisch von ihrer Stadt als »Dorf« zu sprechen – so etwas käme einem Kölner niemals über die Lippen. Ironische Distanz zu etwas, das aus Köln kommt? Köööööööln kleiner machen als es ist? Aberwitzig.

Die Kölner haben zwar ihr Veedel, sprich Viertel, das für sie der Inbegriff der kölschen Heimat ist. Aber darüber hinaus reicht die Bescheidenheit nicht: Kölner lieben grundsätzlich sich selbst, ihre Stadt und ihre Art, zu sein. Vor allem lieben es Kölner, anders zu sein als die anderen. Sie entwerfen den Gegenkarneval und nennen ihn Stunksitzung. Dort kultivieren sie dann das Rezept, bis es wie in Stein gemeißelt spontan wirkt. Sie entwerfen das Gegenkabarett und nennen es »die Machtwächter«, weil es einseitig gegen alles ist, was nach Establishment riecht – in Wahrheit hat sich da nur das dumpfe Agitprop-Theater ins dritte Jahrtausend gerettet. Der Kölner hat – meistens singend – vor allen anderen Dingen das Herz auf dem rechten Fleck. Die Welt ist ungerecht, aber der Kölner passt auf. Die Welt schweigt zum Unrecht, aber der Kölner sagt: »Arsch huh, Zäng ussenander.« Das ist zum Händeringen sympathisch, und wer will es den Kölnern verübeln?

Auch die rheinische Mundart ist nirgends so erfolgreich wie in Köln: »De Hööhner«, »Bläck Fööss«, »Räuber« heißen die Musikgruppen, die sich ihrer befleißigen. Und natürlich »BAP«, die Narkotisierband fürs linke Lebensgefühl. In Düsseldorf hingegen hat die rheinische Mundart – erst recht in gesungenem Zustand – so gut wie keine Existenzberechtigung. Die Bands, die sich ihrer Pflege verschrieben haben, sind zu Recht vollkommen unbedeutend. Es gibt auch kein »Düsseldorfisch« als Pendant zum Kölsch. Es geht nur mit dem formaljuristisch klingenden Ausdruck »Düsseldorfer Platt«. Welches auch noch »gepflegt« werden muss. Ein sicheres Zeichen für sein nahes Ende. Da hat auch die Musik nicht helfen können.

Eine gewisse Distanz zu Düsseldorf schwingt auch mit, wenn Grönemeyer in seiner Bochum-Hymne über die schicke Kö herzieht, obwohl er zu der Zeit, als das Lied entstanden ist, höchstselbst dort lebte. Auch beim schlaksigen Ruhrpott-Rocker Marius Müller-Westernhagen ist nie jemand auf die Idee gekommen, an seine Heimatstadt Düsseldorf zu denken. So viel Distanz ist für Künstler aus Köln unvorstellbar.

Was Kölner und Düsseldorfer indes gemeinsam haben, ist die Liebe zur Kommunikation und zum beherzten Meinungsaustausch. Allerdings vereinnahmt der Kölner sein Gegenüber mit einer Vehemenz, die den Düsseldorfern eher fremd ist. So kennt er für Zugezogene etwa den Ausdruck »Immis«, vergleichbar den Münchner »Zuagroast'n«. Kennzeichnend für den Kölner »Immi« ist aus Sicht der Einheimischen sein Wunsch, in die Gemeinschaft der Kölner aufgenommen zu werden. Ein Bekenntnis zum Guten und Schönen also, zum Köln-Sein. So etwas gibt es in Düsseldorf nicht. Wer in Düsseldorf lebt, ist Düsseldorfer. Wenn er's tut, scheint er es zu mögen. Wenn nicht, ist er selbst schuld, wenn er trotzdem hierbleibt.

Lore Lorentz hat den schönen Satz gesagt: Der Düsseldorfer öffnet die Arme zur Begrüßung, aber er schließt sie nicht. Er ist offen und herzlich, hält aber auch Distanz, soll das für mich heißen. Auf Köln bezogen, müsste man sagen: Der Kölner drückt nach Kräften zu und lässt den anderen nicht mehr los. Alles andere wäre Verrat am kölschen Geist.

Letztlich laufen diese Unterschiede immer darauf hinaus, dass der Kölner lauter und der Düsseldorfer feiner ist. Dennoch hängen beide Städte sehr aneinander. Der prominente Widerpart schmälert nicht die Bedeutung des jeweils anderen, sondern vergrößert sie, indem er sie spiegelt. Die beiden Städte haben Gemeinsamkeiten wie den Karneval und die gelebte Heiterkeit, unterscheiden sich darin aber auch wieder so sehr, dass man immer genug Gesprächsstoff hat. Sie haben beide ein obergäriges Volksgetränk, das aber mal dunkel ist (Alt) und mal hell (Kölsch) und scheinbar so unterschiedlich schmeckt, dass man den Sorten ihre gemeinsame Gattung gar nicht anmerkt.

Dieses rheinische Double ist eine sichere Nummer für jeden Small Talk. Wenn sich irgendwo auf der Welt ein Düsseldorfer und ein Kölner im Beisein eines Dritten begegnen, der sich nach ein wenig Kurzweil sehnt, macht das fünf Minuten lang richtig Spaß.

Es gibt leider auch unschöne Momente, wo der launige Zwist in gemeine Bemerkungen und seltsam ernsthaft gepflegte Feindschaft übergeht. So bei einer Kollegin, die von Freunden regelrecht beschimpft und geschmäht wurde, seit sie täglich zu ihrer neuen Arbeitsstelle in der Düsseldorfer City fuhr. Das ist so lächerlich, dass man sich kaum traut, es niederzuschreiben. Die Kollegin beteuerte jedoch glaubhaft, solchen Anfeindungen tatsächlich ausgesetzt gewesen zu sein. Düsseldorf? Arrogant, hochnäsig, einfach scheiße. Punkt.

Bei Begegnungen mit Hardcore-Kölnern empfiehlt es sich, einige Dinge lieber nicht anzusprechen, auch nicht wenn man meint, die besseren Karten zu haben. Es sei denn, man möchte sich unbedingt den Tag verderben. Hier sind zehn Sätze, die man sich im Umgang mit Kölnern verkneifen sollte, wenn man sich als Patriot nicht sehr lächerlich machen will:

1. Düsseldorf ist nicht nur Landes-, nein, Düsseldorf ist auch Medienhauptstadt!

   Düsseldorf hat zwar einen Medienhafen und fünf Tageszeitungen zu bieten. Aber einen Mediapark hat Köln auch. Gut, es gibt hier nur vier Tageszeitungen, die *BILD* mitgezählt, aber mit dem größten öffentlich-rechtlichen Sender, der ARD, dem Westdeutschen Rundfunk und Privatsendern wie RTL und Vox ist Köln unangefochten die Medienstadt Nr. 1 in NRW.

2. Fortuna Düsseldorf ist super!

   Fortunas Glanz ist längst verblasst. Der 1. FC Köln spielt nach dürren Zweitligazeiten wieder in der Bundesliga, meist sogar im ausverkauften Stadion. Hier fand auch die WM-Fete statt, während Düsseldorfs ESPRIT-Arena keine Berücksichtigung fand. Vor vier Jahren war Fortuna lediglich viertklassig. Das fanden nur die sentimentalen Underdogs von den »Toten Hosen« okay, die den Verein sponserten. Langsam nähert sich Fortuna allerdings wieder der Bundesliga. Betonung auf langsam.

3. Düsseldorf ist eine geile Konzertstadt.

   An die Klubszene in Köln kommt Düsseldorf nicht heran. Die besten Bands machen in Köln Station.

Wenn die Zeit noch reicht, vielleicht auch in der Nachbarstadt. Mit den einschlägigen Kölner Konzerthallen mitzuhalten, fällt Düsseldorf so schwer, dass »Toten Hosen«-Manager Jochen Hülder irgendwann sogar eine Großdisco aufgemacht hat, das 3001, wo auch Konzerte stattfinden konnten. Aus purem Lokalpatriotismus. Dass seine Heimat- und Lieblingsstadt ausgerechnet auf diesem Gebiet geradezu chancenlos war, ärgerte ihn schwarz, so schwarz, wie nur ein »Toten Hosen«-T-Shirt ist.

4. Gegen St. Lambertus kannst du den Dom vergessen.
Ach du liebe Zeit. Nonsens. Kölns romanische Kirchen sind einzigartige Kulturdenkmäler. Und der Dom überragt sie alle, nicht nur im wörtlichen Sinn. Ein wahres Raumwunder, bei jedem Besuch in Köln einen Pflichtbesuch wert. Aber vorher Handy ausmachen. Sonst ist gleich ein Pater da.

5. Düsseldorf hat den besseren Karneval.
Mutig. Sehr mutig. Halten Sie die Stellung und betonen Sie am besten jeden Unterschied, den Sie erkennen können. In den Medien steht Köln nämlich um Längen besser da. Der Kölner Karneval ist jedenfalls zu einer Marke geworden, zu einem Exportschlager, genau wie das Frühkölsch, das selbst in München gern zum Karneval getrunken wird.

6. Düsseldorf liegt am Rhein, Köln an großen Straßen, die am Rhein entlangführen.
Das ist so wahr, dass es kein wahrer Kölner erträgt. Lieber nicht sagen. Was Stadtplanung angeht, kann Köln ein bisschen was von Düsseldorf lernen. Am besten sollten dieses Thema nur neutrale Beobachter ansprechen, und zwar ohne jeden Anflug von Triumph.

7. Düsseldorf ist eine Literaturstadt, hier wurde Heinrich Heine geboren.
   Köln hat Heinrich Böll. Und eine der größten Unis Deutschlands. Und große literarische Verlage wie Kiepenheuer und Witsch. Und ein großes literarisches Happening, die lit.cologne. Hat Düsseldorf alles nicht. Meine Empfehlung: Themawechsel.
8. Alt schmeckt besser als Kölsch.
   Stimmt. Interessiert aber nur Alt-Trinker, und auch nur die, welche gerade ein Füchschen, ein Uerige oder ein Schumacher zur Hand haben.
9. Düsseldorf ist eine Filmstadt, schließlich sitzt hier die Filmstiftung NRW.
   Bürokratie allein schafft noch keine Infrastruktur. In Düsseldorf gab es Ende der 80er-Jahre ein schlimmes Kinosterben. In Köln haben sich vergleichsweise viele Lichtspielhäuser gehalten. Hier gab es sogar mal ein groß angelegtes Filmfest. Das Wort groß angelegt deutet allerdings schon an, dass das Filmfest längst wieder abgelegt ist.
10. Köln hat keine Altstadt.
    Doch. Köln hat eine winzige, wie eine Antiquität herausgeputzte Altstadt, die in der Nähe des Rheins liegt und nicht leicht zu finden ist. Dort gibt es ein paar Kneipen und Restaurants. Dass die Kölner Altstadt mit der Düsseldorfer Altstadt natürlich niemals mithalten könnte, ist so selbstverständlich, dass ein Kölner niemals zustimmen würde. Jemötlichkeet ist subjektiv.

Mehr als Sushi und Reiswein

Die drittgrößte japanische Gemeinde Europas lebt in Düsseldorf. Und wer sucht, findet sie sogar.

Es ist ja nicht so, dass man in Düsseldorf die Sensationen der eigenen Stadt immer im Kopf hätte.

Man geht nicht zur Arbeit und denkt: Schön, dass ich in der japanischsten Stadt Deutschlands lebe. Nie werde ich nach Japan fahren müssen, um zu wissen, wie es dort zugeht. Ich brauche nur auf die Immermannstraße zu gehen, Nudelsuppe zu essen, Kirin-Bier zu trinken, Mangas anzuschauen und zwischen lauter Japanern bis zum Umfallen Karaoke zu singen. Nein, natürlich nicht. Denn das japanische Düsseldorf muss man ein wenig suchen, um es schätzen zu lernen. Und natürlich sind ein paar Straßen mit japanischen Restaurants noch nicht Japan. Dazu bauen die Deutschen viel zu gern Häuser, die alle gleich hoch sind (Traufhöhe). In Japan findet man in ein und derselben Straße selten auch nur zwei Häuser, auf die das zuträfe. Japanische Skylines hüpfen wie Gummibälle auf und ab, von klein zu groß zu mittel und wieder zurück zu richtig groß. Wolkenkratzer stehen neben winzigen Hütten. Außerdem sind unsere Straßen allen rührenden Bemühungen zum Trotz für japanische Verhältnisse einfach nicht sauber genug.

Trotzdem, in Düsseldorf lebt die drittgrößte japanische Gemeinde Europas. 5000 Menschen in Düsseldorf selbst, 2000 weitere im direkten Umkreis der Stadt, vor allem am Niederrhein, wie der Pressesprecher des Japanischen Clubs berichtet. Das ist nicht gerade stadtbildprägend. Und wenn ein Volk ohnehin zur Zurückhaltung neigt, dann ist es alles andere als spektakulär. Aber es eröffnet die Möglichkeit, in Düsseldorf ein durchaus repräsentatives Stück Japan zu erhaschen.

Im Luxushotel Nikko stößt man zum Beispiel auf jene ebenso geschmackvoll wie unaufdringlich aufeinander abgestimmten Farbmischungen von beige bis grün, die durch Naturhölzer und andere Materialien ergänzt werden. Im Restaurant begegnet man Damen mit kunstvoll hochgesteckten Haaren im Kimono, und in der Lobby läuft Popmusik – natürlich westlicher Prägung. Wie in Japan eben auch überall.

Ein paar Häuser weiter stößt man auf ein Geschäft, das wie ein Querschnitt durch die gesamte japanische Wirtschaftsproduktion wirkt: Hightech-Unterhaltungselektronik, raffinierte Toilettensitze mit Wasserduschen (»Bidelet«, 598 Euro) und süßliche, kitschig leuchtende Kätzchen mit Riesenaugen, wie die Japaner sie auch in ihren Comics so lieben.

Tatsächlich sind auf den Straßen viele Japaner unterwegs. Dass das Viertel hauptsächlich ihres ist, nicht das der Deutschen, zeigt sich auch am Eingang der winzigen Videothek. Obwohl gerade ein Feiertag ist, arbeitet der

Angestellte dort so fleißig vor sich hin, als wäre der Laden geöffnet. An der Tür hängen ausschließlich Plakate mit japanischen Schriftzeichen. Auf einem steht: Hier wird nur Japanisch gesprochen. Auch die Videos sind allesamt japanisch. Aber in dieser für Japaner geradezu unhöflichen Deutlichkeit kommt die klare Abgrenzung der Zielgruppe doch überraschend deutlich zum Vorschein.

Yasuo Inadome lebt seit 1986 mit seiner Frau in Düsseldorf. Auf seiner Visitenkarte steht »Abteilungsleiter Abt. Öffentlichkeitsarbeit«. Japaner nehmen die Dinge ernst. Auch wenn es hier nicht um berufliche Angelegenheiten, sondern die des Japanischen Clubs Düsseldorf geht. Herr Inadome ist bestens vorbereitet auf unser Gespräch. Wie der allergrößte Teil seiner Landsleute wurde er von seiner Firma nach Düsseldorf geschickt, die hier ihre Europazentrale unterhält. Von hier aus werden also Vertrieb und Marketing des Unternehmens dirigiert. Nicht selten leisten diese europaweit arbeitenden Zentralen aber auch Produktentwicklung und Forschungsarbeit. In Düsseldorf und Umgebung haben sich 550 japanische Unternehmen niedergelassen. Sie machen jährlich im Durchschnitt zwischen 33 und 35 Milliarden Umsatz. Das sind zehn Prozent des Jahresumsatzes aller Unternehmen in NRW. Yasuo Inadome arbeitet als Abteilungsleiter, als Prokurist und stellvertretender Geschäftsführer einer Firma, die optische Präzisionsinstrumente für die Landvermessung herstellt.

Ein typisches Beispiel für die Mitarbeiterstruktur der hier ansässigen Unternehmen: In seiner Abteilung ist er der einzige Japaner. Alle seine Mitarbeiter sind Deutsche.

30 000 Deutsche arbeiteten Mitte 2009 für die japanischen Konzerne. Der Grund, warum ausgerechnet Düs-

seldorf zur japanischen Hochburg in Deutschland wurde, sei aber anderswo zu suchen, erklärt Yasuo Inadome. Als Anfang der 50er-Jahre die ersten japanischen Niederlassungen nach Düsseldorf kamen, wollten sie Maschinen für den japanischen Wiederaufbau kaufen. Düsseldorf war Verwaltungszentrum des nahen Ruhrgebiets, damals noch der Kraftplatz der deutschen Schwerindustrie. Und auch Frankreichs Osten sowie die Beneluxstaaten waren nicht fern. Mitten in Deutschland und Europa gelegen, mit einem internationalen Flughafen und Anschluss an mehrere Autobahnen, brachte Düsseldorf alle Voraussetzungen mit, die man sich aus strategischer Sicht wünschen konnte.

Aber die geschäftstüchtigen, weltgewandten Düsseldorfer stellten sich noch in anderer Hinsicht sehr geschickt an. Sie empfingen die Japaner mit offenen Armen, berichtet Inadome. Schon 1971 durften sie hier beispielsweise eine Internationale Japanische Schule eröffnen. Was für die meist nur drei bis fünf Jahre hier lebenden jungen Familien von großer Wichtigkeit war, denn das japanische Schulsystem ist vollkommen anders strukturiert als das deutsche. »In Hamburg dauerte das mit der Schule viel länger«, sagt der 48-Jährige lächelnd.

Yasuo Inadome legt durchaus ein paar Verhaltensweisen an den Tag, die als typisch japanisch bezeichnet werden können. Zum Beispiel vermeidet er es, Fragen zu beantworten, wenn er dabei jemanden kränken oder kritisieren müsste. Die nach seinem Lieblingsrestaurant ignoriert er mit der gleichen Hartnäckigkeit, mit der der Fragesteller sie drei Mal hintereinander stellt. Das Wort »Nein« kommt ihm im Verlauf dieses gewiss nicht kurzen Gesprächs kein einziges Mal über die Lippen. Es gilt bekanntlich unter Japanern als unsäglich unhöflich und schroff. Lieber betont er die Gemeinsamkeiten von Deutschen und Japanern, was Ordnung, Disziplin und Tüchtigkeit angeht. 23 Jahre ist er nun schon hier. Er hat deutsche Geschichte studiert und über Konrad Adenauer seine Examensarbeit geschrieben. Yasuo Inadome wollte immer nach Deutschland, weil es sein Lieblingsland ist.

Und er wird wohl hierbleiben, wie er am Ende des Gesprächs einräumt. Und dann entschlüpft ihm doch noch eine Einlassung, die er selbst vermutlich als Beleidigung für das deutsche Volk empfindet. Es ist die Andeutung einer Kritik, hauchdünn wie Seidenpapier, und er erlaubt sie sich nur, weil er sie in eine Belobigung einkleiden kann: »In den letzten Jahren ist der Service in Ihrem Land spürbar besser geworden.« Erwischt, Herr Inadome.

Die Japaner in Düsseldorf haben daraus gemacht, was ging. Es ging viel. Sie haben Manga-Geschäfte, wo es ihre geliebten Comics gibt, sie haben Massagesalons wie den Salon Mai, den Frau Nagasawa auf der Klosterstraße betreibt, und Karaoke-Kneipen, in denen man erleben kann, welche bemerkenswerte Wirkung Alkohol auf Japaner hat. Die kleinen Unterschiede? Yasuo Inadome kommt hier entschieden früher von der Arbeit nach Hause, als das in Tokio oder Kioto der Fall sein würde. Denn mit den Mitarbeitern Abend für Abend in der Stammkneipe auf das (späte) Ende des Arbeitstages anzustoßen, kann er hier in Deutschland nicht machen. Der Zusammenhalt innerhalb der Abteilung einer Firma ist in Japan außergewöhnlich, fast wie in einer Familie, und zwar einer intakten. »Das geht mit den Deutschen nicht«, sagt Inadome und lächelt. Auf die nicht allzu familienfreundliche Sitte zu verzichten, scheint ihm nicht besonders schwerzufallen.

Wichtiger ist den Japanern, sich auch in der rheinischen Metropole ein Stück geistig-religiöses Japan bewahren zu können. Auch dem deutschen Besucher ist es jederzeit zugänglich. Er braucht sich bloß nach Niederkassel zu begeben und sich von der Vorstellung zu befreien, man könne dort Nippon erleben wie Chinatown in San Francisco. In den stillen Straßen dieses Stadtteils, wo sich gepflegte Ein- und Zweifamilienhäuser aneinanderreihen, scheint Japan so weit weg, wie es geografisch ja auch tatsächlich ist, nämlich über 9000 Kilometer. Genau zwischen Japanischem Kindergarten und Internationaler Japanischer Schule liegt das Eko-Haus der Japanischen Kultur e. V.

Das klingt nach gut gemeintem Bemühen um die Völkerverständigung, und darauf deutet auch der Schaukasten hin, wo Kurse in Ikebana, Koto-Musik, Kalligrafie und Tuschemalerei angeboten werden. Ebenso kann man hier Japanisch lernen: Grundstufe I (ohne Vorkenntnisse). Aber wie viel Kultur des fernen Nachbarn sich tatsächlich hinter dem schweren gusseisernen Tor am Brüggener Weg 6 verbirgt, ahnen wohl auch in Düsseldorf die wenigsten.

Dieses Japan für Anfänger beginnt mit einem hingebungsvoll gepflegten kleinen Park, der die große Welt der Pflanzen auf vielleicht 1000 Quadratmetern im Kleinen zusammenfasst, mit Brücken, vielerlei Moosen, Kiefern und Zierahorne. Der Park wurde von japanischen Gartenarchitekten angelegt. Betreut wird er tagtäglich von einem deutschen Gärtnerteam. Für den Schnitt der Kiefern, Ahornbäume oder Bonsai aber sorgen japanische Fachleute, die alle zwei Jahre nach Europa geflogen kommen, um Anlagen dieser Art den letzten Schliff zu geben.

Alles in diesem Garten ist Teil eines Plans, der das Gras an bestimmten Stellen wachsen lässt und an anderen nicht. Zum Beispiel dürfen die Zierkirschen an der Auffahrt zum Kulturzentrum nicht geschnitten werden, unter keinen Umständen. Selbst das vermeintlich Ungeordnete ist Teil einer großen Ordnung.

Man ahnt bereits, dass hier ein Aufwand betrieben wird, der nicht mehr allein mit der Völkerverständigung zu rechtfertigen ist. In diesem Trockengarten, in dem Wasserfall, Flusslauf, Teich und Uferbänke durch Steine dargestellt werden, laufen vielmehr alle Wege auf einen Tempel zu. Er ist am höchsten Punkt gelegen, Stufen führen zu ihm hinauf. Es ist ein shin-buddhistischer Tempel, der in seinem Inneren einen prachtvollen Altar birgt. Er sucht in Europa seinesgleichen. Weder London noch Paris, wo die beiden größeren japanischen Gemeinden Europas angesiedelt sind, haben Vergleichbares zu bieten.

Der Altarraum mit der Holzplastik des Buddha Amida und zwei Nebenaltären ist eine Kopie. Das Original befindet sich in einem Tempel nördlich von Tokio, was aber gewiss nicht heißt, dass hier an edlen Materialien gespart worden wäre. Die kostbaren Schnitzereien mit vergoldeten Pfauen und die aufwendigen Intarsien versetzen den Besucher an Ort und Stelle in eine fremde Kultur, hat er in Japan auch noch so viele berühmte Tempelanlagen schon gesehen. Hier wie dort ist es immer wieder ein Erlebnis, wie sich der Blick in den Tiefen des Altars verliert. Die Anlage mit einer Statue des Prinzen Shotoku (574–622), einer schweren Bronzeglocke mit Bronzeturm und einem Reinigungsbecken, an dem sich der Betende nach dem Eintritt vom Schmutz des Alltags befreit, wird von der Japanischen Gemeinde regelmäßig für religiöse Zeremonien genutzt.

Das lag in der Absicht des Gründers der Anlage. Sie hätte niemals vom Japanischen Club und durch Spenden aus seinen Reihen errichtet werden können. Allein die laufenden Kosten für den Erhalt des Kulturzentrums sind beträchtlich. Der Geschäftsmann Yehan Numata hat den Tempel und den Tempelgarten errichten lassen. Der Mann stammt aus einer Familie buddhistischer Priester. Statt der Tradition zu folgen und vom Vater das Amt zu erben, entschied er sich für das Geschäftsleben. Weil er sich aber seinen religiösen Wurzeln verpflichtet fühlt, lässt er einen Teil des Gewinns seiner Firma in eine Stiftung einfließen, die weltweit den Shin-Buddhismus fördert. Er ist Gründer der Gesellschaft Mitutoyo und der »Society for Buddhist Understanding«.

In Japan liegen die religiösen Dinge etwas komplizierter als bei uns. Es gibt zwei große Volksreligionen, die aber nicht miteinander konkurrieren, sondern sich idealerweise ergänzen. Die meisten Japaner sind sowohl Buddhisten als auch Shintoisten. Letzteres ist eine Naturreligion, die Gottheiten verehrt, und zwar an heiligen Plätzen, welche in der Regel besonders spektakuläre Naturschönheiten sind. Im shintoistischen Glauben ist ein Jenseits nicht vorgesehen. Alle Gebete und Wünsche sind auf das Leben gerichtet; an den Schreinen wünschen sich die Gläubigen ganz pragmatisch alles erdenklich Gute – auch in materiellen und beruflichen Angelegenheiten. Den Begriff Sünde gibt es nicht.

Der Buddhismus ist hingegen für das Leben nach dem Tod zuständig. Vereinfacht gesagt sollen die Leiden des irdischen Daseins überwunden werden, und der Eingang ins Nirwana soll vollzogen werden. An buddhistischen Tempelanlagen gedenken die Japaner ihrer Toten. Geheiratet wird am Schrein eines shintoistischen Gottes. Nur gibt es in Düsseldorf dergleichen natürlich nicht. Hier wird die in Europa kaum bekannte Variante des Shin-Buddhismus gepflegt, die aber in Japan mehr Anhänger hat als der Zen-Buddhismus. Auch die eine oder andere Hochzeitszeremonie hat in diesem Altarraum bereits stattgefunden. Der Shin-Buddhismus ist offen und liberal, das Zölibat der Priester ist schon früh aufgelöst worden, auch Frauen dürften Priester werden.

Auch das weltliche Glück kann also hier befördert werden, neben familiären Gedenkmessen, Beerdigungen, festlich begangenen buddhistischen Feiertagen und der an jedem zweiten Sonntag stattfindenden Zeremonie im Tempel. Bei einem abschließenden Rundgang durch das original japanische Teehaus, wie schon im Tempel auf Strümpfen, entdeckt man immer wieder winzige, separate Gartenanlagen, unter anderen einen Steingarten, bis der Blick plötzlich auf eine sehr versteckt an der Westseite des Tempels gelegene Pforte fällt. Hier befindet sich ein kleiner Friedhof für jene Toten, die nach shin-buddhistischem Ritual beigesetzt wurden, in Feuerbestattung. Für die Japaner, die hier gestorben sind. Angeblich hat es sehr lange gedauert, bis die Behörden die Erlaubnis dafür erteilt hatten.

Aber Düsseldorf hat diesem Ort seinen Segen gegeben. Wohl weil es verstanden hat, dass es sehr wertvoll sein kann, den Angehörigen einer wirtschaftlich mächtigen Nation mit Offenheit zu begegnen.

Der Weltstadt-Moment

**Die Kö ist Düsseldorfs Wahrzeichen.
Überbewerten sollte man das nicht.
Hingehen aber unbedingt.**

Sollte nicht jede Stadt eine Straße haben, auf der die Protzläden dieser Welt eine Filiale unterhalten? Nun, vielleicht nicht jede. Meine an dieser Stelle herzlich gegrüßte Geburtsstadt Korbach vielleicht eher nicht. Würden sich die 20 000 Einwohner einer solchen unspektakulären Kleinstadt auf Dauer gegenseitig beim Schaufenstergucken beobachten, so wäre das egomanisch. Aber in Kitzbühel oder Santa Fe sieht das anders aus. Dort funktioniert das Kö-Prinzip, weil es dort genug Reiche und Berühmte gibt, die man auf einer solchen Straße – und jetzt kommt die entscheidende Formulierung: *möglicherweise* antreffen *könnte*. KÖNNTE!!! Boulevards wie die Kö leben vom Konjunktiv. Alles ist hier Konjunktiv. Boris Becker, Verona Pooth, Iris Berben. Komm, lass uns mal gucken. GUCKEN. Nicht kaufen. Ein Besuch auf der Kö ist deshalb genau das Richtige für einen Sonntagsausflug, wenn man aus Solingen, Wuppertal, Essen, Duisburg oder Mönchengladbach mal raus möchte. Lass uns doch mal auf die Kö fahren! Zack bumm. Und ein bisschen gucken. Mit Laufen ist ja nicht so viel. Einmal rauf, einmal runter. Hinsetzen. KAFFEE!!! Aber die große Welt sehen, die hier im Kleinen rumspaziert, rumspazieren könnte. Ja, das wärs doch!

Was kostet die Welt, wenn sie ganz groß ist? Sie kostet 2,60 Euro für die 0,33-Liter-Flasche Coca-Cola. Das ist nicht viel, gemessen daran, was in Florenz vor dem Museum der Uffizien für ein Getränk verlangt wird. Es ist ein fairer Preis, den die große Welt da verlangt. Und ist es nicht großartig, wenn man mit seiner Cola unter Kastanien sitzen und Leuten dabei zusehen kann, wie sie einen 1000-Euro-Pullover in Augenschein nehmen und überlegen, ob sie ihn kaufen sollen? Davon gibt es nicht allzu viele. Menschen, die sich vor einem Schaufenster von Armani oder Chanel ein Kostüm anschauen und überlegen, ob es ihnen wohl steht, ob sie es vielleicht kaufen sollen und die passenden Schuhe gleich dazu, sehen komplett anders aus als Leute, die nur staunen, dass es so etwas gibt.

Letztere, also Menschen wie ich, beugen sich praktisch im Moment des Herantretens an die Fensterscheibe nach unten und suchen das Preisschild. Dann blasen sie die Wangen auf, und wenn sie in Begleitung sind, sagen sie etwas wie: TAUSEND EURO!

Die Kö ist also Düsseldorfs berühmtester Laufsteg. So berühmt, dass der Schriftsteller Paul Hübner 1974 überlegte, ob Düsseldorf nun am Rhein liegt oder an der Kö.

Aber weil es ein Konjunktiv-Boulevard ist, kann es leicht passieren, dass man seinen Beobachtungsposten auf der Terrasse eines Straßencafés glücklich bezogen hat, um dann festzustellen, dass man ausschließlich Menschen beobachtet, die auch bloß zum Beobachten von Menschen gekommen sind, nämlich solcher, die etwas reicher oder berühmter sind als man selbst – am besten beides. So ziehen die Familien mit ihren gelangweilten Kindern, die Touristen mit ihren gelangweilten Fotoapparaten und die Düsseldorfer mit ihren gelangweilten Gästen den Boulevard auf und ab und sehen sich gegenseitig dabei zu, wie sie auf den Moment warten, den wir jetzt den Weltstadtmoment nennen wollen oder den 1000-Euro-Blick. Den Augenblick, in dem plötzlich Boris Becker neben einem hergeht und zu seiner Begleiterin sagt: »Schatz, ich glaube, ich heirate doch eine andere.«

Das ist das Komische an der Kö. Oder auch das Deprimierende. Doch man soll sich nicht täuschen: Der Glanz, nach dem wir alle streben, kann ganz plötzlich auftauchen, wenn wir gar nicht damit rechnen. Wie bei der Verkäuferin im Zigarettengeschäft, der plötzlich Mick Jagger gegenüberstand. Er bat um ein Päckchen Zigaretten. Oder waren es Zigarillos? Lakritzstangen? Keine Ahnung, jedenfalls brachte die Verkäuferin angeblich kein Wort mehr über die Lippen und gab auch sonst kein Lebenszeichen von sich, worauf Mick Jagger gesagt haben soll: »Bitte kriegen Sie keinen Schreck, ich will doch nur ein Päckchen Zigaretten.« Auf Englisch natürlich.

Aber die Kö birgt auch eine gewisse Gefahr. Nämlich die, sich selbst allzu bedenkenlos, allzu selbstverständlich als Teil des Spektakulären zu verstehen. Wie bitte, das ist undemokratisch? Menschenverachtend? Mag sein, vielleicht ist es auch einfach nur gemein. Aber die Gefahr besteht. Es ist wie ein automatisch in unser Bewusstsein einschießendes Gift. Es ist der Reflex unserer Erwartungshaltung an die Kö. Weltstadt, wo bist du? Wo denn nur? Warum zeigst du dich nicht? Wo bist du, Welt? Das Bühnenbild stimmt nämlich, alles ist hergerichtet: Fassaden aus Sandstein, Blätterrauschen in den Bäumen und kleine Bistrotische mit Korbstühlen, die sehr an Paris erinnern.

Und dann tauchen Darsteller auf, die in dieser Umgebung mit ihren kleinen menschlichen Schwächen plötzlich eine ganz neue Rolle bekommen: die des komplett deplatzierten Versagers. Wie das? Indem die Leute zum Beispiel mit ihren großen Autos die Kö rauf und runter fahren. Das geht eine Weile gut. Aber 600 Meter sind 600 Meter, zu oft darf man das nicht machen, weil das Leuten mit Blick für Autos auffällt. Und da, rein statistisch gesehen, 50 Prozent der Kö-Besucher Männer sind, weiß dann die Hälfte der Leute sofort Bescheid. Außerdem sehen schöne, teure Autos, wenn sie hintereinander herfahren, irgendwann nur noch nach hintereinander herfahrenden Autos aus. Der Doller-Typ-im dollen-Jaguar-Effekt nutzt sich ab. Irgendwann muss man also parken, es hilft ja alles nichts. Dann kommt der allergemeinste Augenblick: die Trennung des Glamouristen von seinem Gefährt. Am besten wäre es ja, den Wagen im Café zwischen den Stuhlreihen zu parken. Aber da stehen oft schon Rollatoren. Außerdem würde die Kombination von Auto und Besitzer vermutlich auch sonst nicht von jedermann als glücklich und harmonisch empfunden. Im Kö-Café will das Leben uns nackt oder prominent. Selbst Uhren nützen nicht viel, weil wirklich teure Uhren dezenter sind als eine Breitling oder Rolex.

Letztlich sitzt also der Mensch im Kö-Café und ist, wie er immer ist, was bleibt ihm übrig. Die Dame am Nebentisch hat zum Beispiel ein unglaublich schiefes Naturgebiss, so etwas gibt es heutzutage nirgendwo mehr zu kaufen. Jerry Lewis hat sich in seinen Filmen manchmal ein solches Gebiss eingesetzt. Normalerweise würde man darüber hinweggehen. Man würde also nicht denken: Die Frau sieht ja unglaublich aus, grauenhaft. Und mokieren würde man sich schon gar nicht.

Auf der Kö aber denkt man das sofort, weil man ja die Champs-Élysées erleben möchte. Außer der Zahnfrau und ihrem Gatten ist nur leider gerade niemand da, und wie die beiden sich das Essen reinschaufeln, ist letztlich doch recht prosaisch. Unangenehm wirkt auch der übergewichtige Typ mit den nackten Füßen neben seinen Mokassins. Normalerweise würde man denken: Soll er doch, der Dicke! Friseur würde auch nicht schaden. Auf der Kö aber wird er sofort als unerzogener Prolet kategorisiert und mit gehöriger Irritation betrachtet.

Das alles ist eben die besondere Herausforderung einer Straße, die mehr hermachen will als andere und das auch schafft. Bei einem solchen Prachtboulevard mit Wasser in der Mitte, Kastanien in vier Reihen und schattigen Wegen am Graben sind die Anstrengungen, nobel und edel und fein zu wirken, mehr als gerechtfertigt. Eine Bühne, die ihre kleinen Dramen wahrlich verdient hat, die alle Schmähungen, alle bitteren und gehässigen Kommentare, all das hämische Gerede mühelos aushält. So viel Wahres daran auch sein mag, es kann der Kö vollkommen egal sein.

Reichtum will man sich schließlich auch mal anschauen. Ein bisschen Spektakel, ein bisschen Angeberei – das ist doch hundertmal besser als immer die gleiche Fußgängerzone mit den immer gleichen Blumenkübeln. Wenn man genug hat, schlägt man einfach die nächste Seitenstraße ein, dann ist der Spuk sofort vorbei. Oder man wechselt auf die ruhige Seite der Kö, dorthin, wo praktisch keine Cafés und kaum Geschäfte sind. Aber will man das wirklich – so ein Barmer-Ersatzkassen-Leben, so ganz ohne Kö?

Heimlicher Aufwand

Wenn die Düsseldorfer ausgehen, lieben sie das Understatement. Aber das, bitte, unübersehbar.

Düsseldorf liegt nicht nur geografisch irgendwo in der Mitte zwischen München und Berlin, sondern auch, was die gerade angesagten Lokalitäten angeht. Die Berliner Gastronomie bildet sich bekanntlich schwer was darauf ein, aus einem leer stehenden Ladengeschäft eine mächtig kultige Kneipe mit morbidem Abrisscharme zu machen, indem ein Sofa, ein wackliger Tisch und ein Kasten Augustiner Edelstoff hineingestellt werden – Freunde, letzte Runde, gleich kommt der Bagger! Die Münchner hingegen würden am liebsten jedes vom Pächter verlassene Oma-Café in Harz gießen, damit auch das letzte Stück Würfelzucker, das der letzte Gast auf seinem Löffel balanciert hat, original erhalten bleibt, samt Blumentapete, Interieur und braungrauer Teppiche – Nostalgie ist alles. Düsseldorf geht erkennbar einen Mittelweg zwischen den Extremen. Der besteht darin, möglichst originelle, einer Kunststadt würdige Locations auszuhecken, die dann mit viel Liebe zum Detail veredelt werden und einen Stilfaktor verpasst bekommen.

Solch großen Worten müssen Beispiele folgen. Wie etwa »Les Halles«, die ehemaligen Hallen des Güterbahnhofs Derendorf, an denen man sehen kann, dass der Strukturwandel, welchen die Industrie- und Handelsstadt durchmacht, nicht zu unterschätzende Chancen bietet.

Nachdem die Deutsche Bahn AG das Gelände aufgegeben hatte, wurde daraus vorübergehend ein riesiger Flohmarkt, wo es an jeder Ecke wie aus tausend Löchern zog. Da sollte es dann wenigstens was Warmes geben, lecker Kaffee mit viel Milch drin, und letzten Endes durfte natürlich auch der Alkohol nicht fehlen. Wo aber Durst ist, da ist auch Hunger. Und so improvisierten sich die Betreiber nach und nach ein weitläufiges Hallenbistro mit Flohmarkt-Charisma zusammen, schlicht gehalten, aber doch mit Sinn für Stil. Der Düsseldorfer gibt sich gern erdverbunden – das aber auf hohem Niveau, besonders wenn er kunstsinnig ist, kreativ, liberal und einigermaßen belesen, wenn nicht gar gebildet. Typisch für die Düsseldorfer Kunst-Werber-Szene-Gemütlichkeit sind etwa die einfachen nackten Holztische, die man hier antrifft. Ihre Oberflächen sehen vom tausendfachen Sauberwischen herrlich abgenutzt aus, glänzen zugleich aber mit museumsreifer Patina. Prädikat: toskanareif. Auf ihnen ist feines Essen angerichtet, dazu gibt es edles, kaltgepresstes Olivenöl und Kerzenleuchter samt sorgsam gefalteter Servietten. Das Grobe in Kombination mit dem Feinen, das mögen sie hier. Und es wirkt natürlich auch sehr sympathisch.

An diesem Eindruck ändert auch nicht, dass ein Großteil des riesigen Hallenareals längst abgerissen ist. Geflohmarktet wird wieder woanders, und »Les Halles« ist immer weiter zurückgewichen, bis in jenen Teil der Hallen, der bleiben durfte. Dort wird jetzt der bewährte Improvisationsstil weitergepflegt, was komischerweise einigermaßen funktioniert. Vielleicht auch weil sich nebenan, in einem engen, völlig unspektakulären eingeschossigen Ziegelsteingebäude mit verwinkelten Räumen ein anderes Etablissement einquartiert und sich einen hervorragenden Ruf in der Szene erarbeitet hat: die »Bar Olio«, die vor allem für ihre Crossover-Küche gelobt wird (asiatisch-mediterran). Zu behaupten, hier herrsche ein Ambiente wie auf einer Piazza in Padua, wäre der komplette Irrsinn. Dafür findet man mühelos einen Parkplatz, wie im Internet jemand lobend hervorhebt.

Was die Menschen hier außer einer guten Parkgelegenheit sonst noch suchen, fasst das Stadtmagazin *Prinz* folgendermaßen sehr präzise zusammen:

> *Und da das einst wunderschön morbide Güterbahnhofgelände jetzt mit adretten Neubauten zugebaut wird, weiß man die wunderbar abgetakelte, ganz und gar nicht adrette Location nicht nur nach einigen der süffigen Weine umso mehr zu schätzen. Und die unangepassten Individuen im Service auch.*

Verstanden? »Die wunderbar abgetakelte Location«. Der Mensch verlangt nach Spannungen und Widersprüchen. Wer sich heutzutage was leisten kann, der takelt nicht auf, der takelt ab. Ganz und gar adrett ist er ja schon selbst.

Das sieht auch einer jener Kellner so, die der *Prinz*-Autor als »unangepasste Individuen im Service« charakterisiert hat. Der sportlich-drahtige junge Mann mit Vollbart hat für sein Publikum an den Tischen nichts als ein müdes Lächeln übrig. Als ich sage, die Gäste machten doch einen sehr entspannten Eindruck, hält er mir entgegen, die versuchten bloß, so zu wirken, seien aber in Wirklichkeit vollkommen angespannt. »Das sind alles Leute aus der Mode- und Werbebranche. Sehen und gesehen werden. Das hier ist nichts anderes als ein großes Netzwerk. Die wollen sich alle immer noch ein bisschen besser vernetzen. Sie tun irre locker und nett. In Wirklichkeit sind sie total von sich eingenommen und sehr herablassend.« Hm, ob sie das gerne hören würden? Sehen und gesehen werden? Und warum dann ausgerechnet hier, im »Olio« an der Schirmerstraße? Dort die alten Hallen, links und rechts parkende Autos? »Weil die Küche einfach vorzüglich ist«, sagt unser kritischer Kellner. »Deswegen ist das hier auch so voll. Und zwar jeden Abend! Nicht nur am Wochenende.« Daraufhin verschwindet er mit meiner leeren Bierflasche. Ein Glas wäre ja auch ganz und gar adrett gewesen.

Schnell zurück auf die Piste, die kein Morgen, sondern nur ein Heute kennt, und die dort hinführt, wo das Licht am Ende der Straße nur das Licht einer Kneipe sein kann. Das Stilvolle im Abgetakelten, um nochmals dankbar den *Prinz* zu zitieren, findet man auch in einer Bar, die den Namen »Chateau Rikx« trägt. Der leitet sich von den früheren Besitzern ab, die hier den »Reifenhandel Hendrikx« plus Tankstelle betrieben haben. Die Örtlichkeiten sind praktisch unverändert. Was mal Verkaufsraum, Lagerraum, Hof oder sonst was gewesen ist, dient nun als Erlebnisraum für Leute, die in Oberkassel länger als bis ein Uhr aufbleiben wollen. Auch hier gilt das Prinzip: originelle Location im Originalzustand plus Gefühl für zielsichere Veredelungsdetails. Hinter einem Garagentor zur Belsenstraße sitzen in einem abgeschirmten Hof ein paar junge und auch ein paar deutlich ältere Gäste (25plus) auf Bierbänken. Als sie gegen Mitternacht aus Gründen des Lärmschutzes recht strikt ins Innere verwiesen werden, fangen sie fast ausnahmslos zu tanzen an. Drinnen sieht es aus, als hätte gerade erst der Gerichtsvollzieher die Reifen rausgeräumt und damit Platz geschaffen für eine spontane Junggesellenfete. Glatter Boden, glatte Wände, glatte Rhythmen. Es ist so voll, dass man nur zwei Möglichkeiten hat: Entweder man lässt sich mit der einen Rauf- und Runterbewegung des Stehtrinkers zerquetschen, oder man lässt sich das Weinglas von der Nachbarin zerdeppern und wirft all seine Arme und Beine in den allgemeinen Tanzpool. Das ist natürlich sehr unschick und genau die richtige Antilösung zum zweifelsohne sehr schicken respektive niveauvollen Oberkassel. Sofort schwärmt ein User der Internetseite Qype: »Die Einrichtung ist komplett ambientefrei, aber die Stühle sind durchaus o. k. Und die Musik ist gut (die Anlage auch), die Klimaanlage ist leistungsfähig.« Aha, das hätte vor 25 Jahren mal jemand über den Ratinger Hof schreiben sollen. Der konnte auch als ambientefrei bezeichnet werden, wobei das Antiambiente natürlich bloß ein besonders raffiniertes Ambiente darstellte.

Abgetakelt und ambientefrei ist also einerseits ganz schön, aber ohne richtig gutes Essen und ohne Klimaanlage wäre die gekonnte Reduktion dann doch eher eintönig. Und ohne die ordentlichen Frankenhein-Alt-Sonnenschirme über dem Hof würde die Schlichtheit sich unter Umständen einer deprimierenden Niveaulosigkeit annähern. Womit sich der Kitchen Sink Realism Düsseldorfer Prägung als sympathisches Liebäugeln mit ungeschminkter Wahrheit, fein geschminkten Mädchen und gut gemixten Drinks entpuppt. Näheres dazu auch in ebenfalls unbedingt zu besichtigenden Örtlichkeiten wie der »Trinkhalle« an der Ackerstraße. Sehr einfach, sehr raffiniert, sehr komponiert. Faitez vos jeux, Düsseldorf, kann man da nur sagen. Und dann entweder mitmachen oder zur nächsten Altbierschwemme abbiegen, wo nur der Köbes mit seinem Tablett tanzt.

Das Beste rausholen

Besuche bei großen Köchen, kleinen Bistros und einem Ausflugslokal

Jean-Claude Bourgueil steht ganz am Ende der Küche. Das ist ein langer weißer Schlauch mit einem gewaltigen Gasherd wie aus dem 19. Jahrhundert unter einem monumentalen Kamin. Bourgueil, ein stämmiger, kleiner Mann mit fleischigen, kräftigen Händen und einem fast kahlen, runden Kopf, beugt sich über ein Eisenblech und schneidet lauter schnelle Kerben in kleine weiße Kügelchen. Zack, zack, zack, mit einem lustigen kleinen Messer, das dieselbe Farbe hat wie der Brotteig, den er da bearbeitet. Der Meister selbst backt also hier das Brot. Es ist vier Uhr nachmittags, und noch geht es in der Küche des »Schiffchens« in Kaiserswerth so ruhig und gelassen zu, dass man genügend Zeit hat, die silberne Metalldecke sowie die ebenfalls silberne Bordüre in der blitzblank sauberen Kachelwand zu bewundern. Und sich zu fragen, warum eigentlich der Chef persönlich das Brot schneidet. Macht er das nur heute? Oder immer?

Natürlich macht er es nicht zuletzt, um dem Journalisten erklären zu können, dass ein Küchenchef, wenn er ein Meister seines Fachs ist, selbst das Brot eigenhändig bäckt.

Denn das Einfachste ist immer das Schwerste, an dem sich die wahre Kunst erweist.

»Brot besteht nur aus vier Substanzen«, doziert Jean-Claude Bourgueil in einem atemberaubenden Tempo, das er die nächsten eineinhalb Stunden lang beibehalten wird. »Ein gutes Brot – das ist das Schwerste überhaupt!«

Schnitt, Schnitt, Schnitt – macht der Meister, reicht einer wie aus dem Nichts zur richtigen Zeit auftauchenden hilfreichen Hand ein Tablett, öffnet Türen, schließt sie wieder, zückt das Messerchen und fixiert zwischendurch sekundenkurz immer wieder den Besucher, als wollte er prüfen, wie dieser das Gesagte aufnimmt. Der Auftritt, bei dem der Küchenchef der Presse seine Kochphilosophie und sein Image serviert, ist so perfekt inszeniert, dass einen schwindelt. »Ich bin kein Fernsehkoch und ich gehe auch nicht in Talkshows«, erklärt Jean-Claude Bourgueil, als er sich kurz darauf an einen Tisch im Restaurant »Jean-Claude's« quetscht. Er sei vielmehr »ein Handwerker, aber einer, der sein Handwerk zur Kunst erheben und aus einem guten Material das Beste herausholen will.«

Mag alles sein, aber wenn seine Kochkunst auch nur annähernd so meisterhaft ist, wie seine Fähigkeit, sich der unsterblichen Bewunderung eines Besuchers zu versichern, dann muss er wahrlich jener Meister sein, für den ihn viele Düsseldorfer schon seit Jahren halten. Dieses Lokal ist ein Muss – vorausgesetzt, man kann es sich leisten.

Das »Schiffchen« sowie das ebenfalls in einem ehrwürdigen rheinischen Ziegelsteinbau mit Treppengiebel und Butzenscheiben untergebrachte Restaurant »Jean-Claude's« (bis 2001 »Aalschocker«) eignen sich zweifellos hervorragend als Ausgangspunkt für ein Kapitel über die Düsseldorfer Gastronomie. Zeitweise hatte Jean-Claude Bourgueil für diese Restaurants, deren Inhaber er ist, vier Michelin-Sterne eingeheimst: drei für das »Schiffchen«, einen für den »Aalschocker«. So etwas sorgt für Legendenbildung. Und weil in Düsseldorf, Meerbusch und Essen schon immer viele Großindustrielle und Banker zu Hause waren, purzeln Bourgueil jetzt lauter Namen heraus, die ihn noch immer mit Stolz erfüllen. Jean-Claude Bourgueil stammt aus Sainte-Maure-de-Touraine an der Loire, und aus irgendeinem Grund hatte er sich als junger Mensch in den Kopf gesetzt, nach seiner Kochlehre nach Deutschland zu gehen. Es war Neugierde. Er wollte die Deutschen, gegen die sein Großvater im Ersten Weltkrieg und sein Vater im Zweiten Weltkrieg gekämpft hatten, einmal selber kennenlernen. Der Sohn wollte sich im Frieden zu ihnen aufmachen und diesen sonderbaren Widerspruch verstehen, zwischen Nazi-Primitivität und einem enormen kulturellen Erbe. Die deutsche Küche hatte er schon kennengelernt, und zwar in Madrid, bei seiner ersten Station im Ausland.

Die Tüchtigkeit und die Disziplin, die er bei den östlichen Nachbarn entdeckte, waren ihm alles andere als fremd. Bourgueil steckt noch heute voller Energie und macht aus seinen Ansichten keinerlei Hehl. Man merkt es, wenn er beispielsweise mit knappen Gesten eine Frau darstellt, die »zu stramm ist, viele Klunker trägt und zwei Stunden lang kein Wort mit ihrem Mann redet«. Oder wenn er nicht nur am Rande, sondern mit deutlicher Phrasierung zu Protokoll gibt: »Ich bin der einzige Koch in Deutschland, der im Lauf seiner Karriere acht Sterne erkocht hat. Das ist einmalig, und das wird auch einmalig bleiben. Das ist unwiederholbar.«

Der Zufall führte den Deutschen-Forscher Bourgueil nach Düsseldorf und verhalf ihm dort zu seinen ersten beiden Sternen. Er wollte ins Hilton nach Berlin, aber er wurde ins Düsseldorfer Hilton geschickt. Er wechselte in die Küche der »Walliser Stuben«, wurde mit 25 Küchenchef und hatte mit 27 seinen zweiten Stern. Die nächste Station hieß »Frickhöfer«, wieder ein Stern. Nur ein Jahr später, mit 29 machte Bourgueil sich selbstständig. Er übernahm das Traditionshaus »Im Schiffchen« in Kaiserswerth. Elf Jahre später, 1987, kurz nach dem Umzug in die erste Etage, die er im Stil eines französischen Restaurants mit holzgetäfelten Wänden hatte herrichten lassen, bekam er den dritten Michelin-Stern. Im gemütlichen Erdgeschoss, eingerichtet wie ein Schiffsraum mit Bullaugen und allerlei Fischer-Accessoires, eröffnete er den »Aalschocker«. 1988 war Bourgueil schließlich Chef der einzigen Kochbrigade Europas, die gemeinsam mit vier Michelin-Sternen ausgezeichnet war.

Einen Stern hat das »Schiffchen« inzwischen verloren. Bourgueil wischt diese Niederlage vom Tisch wie einen Brotkrümel und führt den Verlust scheinbar unberührt auf die Umbesetzung der Michelin-Kommission zurück. Ob nun mit zwei oder drei Sternen – die Speisekarte des »Schiffchens« ist jedenfalls so festlich auf schwerem Büttenpapier gedruckt, als handele es sich um die Gründungsurkunde einer Universität. Dass in dieser Küche ein Franzose die Brigade anführt, ist daran abzulesen, dass die Geschäftssprache immer noch französisch ist. Die Speisekarte bietet à la carte 14 Gerichte. Klassische Küche, mit überschaubaren Elementen, ganz so, wie Bourgueil es liebt: beste Qualität der Produkte kombiniert mit einem Accessoire, das für Spannung sorgt. So wird der kleine bretonische Hummer in Kamillenblüten gedämpft, der Vendée-Steinbutt mit Limonengras veredelt, und den gebratenen Rehbockrücken mit Orangen und Wacholder kombiniert der 62-Jährige mit süßsaurem Jus. Im »Jean Claude's«, dem anderen seiner beiden Restaurants, ist das Angebot moderner und das Preisniveau moderater: ein Cross-over aus französischen, mediterranen und asiatischen Rezepten.

Die deutsche Küche hält er wie das ganze Land für unterschätzt. Berühmt geworden ist er denn auch mit einem Gericht, das deutscher und einfacher kaum sein könnte: Sauerbraten gilt noch immer als sein Meisterstück. »Zu Bourgueil gehst du? Dann musst du unbedingt den Sauerbraten probieren!«, hatte mir eine alte Freundin extra mit auf den Weg gegeben.

Beim Sauerbraten, erklärt Bourgueil, sei auch alles nur eine Frage der Rezeptur und des Materials. Früher sei es nötig gewesen, Fleisch in Essig zu ertränken, um es zu konservieren. »Wäre der Kühlschrank früher erfunden worden, würde es viele Gerichte gar nicht geben. Ich halte dem Prinzip der Konservierung durch Essig die Treue, aber ich verwende Balsamico, und statt Fleisch aus dem Schenkel nehme ich Filet.« So einfach ist das also. Fast so einfach wie Brotbacken. Also doch ziemlich schwierig.

Und was hat Jean-Claude Bourgueil in all den Jahren an Düsseldorf schätzen gelernt? In erster Linie natürlich das Publikum, das sich in dieser Stadt für seine Arbeit erwärmen konnte. Aber auch, dass man hier mitten auf dem Land im Grünen leben kann, »wo sich Fuchs und Hase Gute Nacht sagen«, und doch nur 15 Kilometer vom Stadtzentrum entfernt ist. Vieles andere hat sich sehr verändert, seit er hierhergezogen ist. »Als ich 1972 in Düsseldorf anfing, gab es hier drei Italiener«, erzählt Bourgueil. »Einen davon gibt es heute noch: »Da Bruno«. Aber inzwischen sind über 400 dazugekommen!«

Mit einem kurzen Blick auf sein Gegenüber vergewissert sich Bourgueil, dass der andere ihm seine volle Aufmerksamkeit schenkt. Und dann beginnt er, laut über Heine nachzudenken, den ebenso geliebten wie ungeliebten berühmtesten Sohn der Stadt. Dessen Witz sei ganz der eines Franzosen, Heine sei voller Spott, und er könne mit wenigen Worten so viel sagen! Allein schon, was er mit ein paar Versen über Deutschland gesagt habe... Bourgueil deutet auf eine bestimmte Stelle in der Speisekarte. »Le Carnet Culinaire d'Henri Heine – Kulinarische Reisenotizen von Heinrich Heine«, steht dort.

Seltsame Vorstellung, dass Bourgueil womöglich seine Gäste stets ein wenig mit dem Blick eines Henri Heine betrachtet, dass sein Augenmerk vielleicht insgeheim vor allem ihren menschlichen Schwächen gilt. Wie mit dem Messerchen. Schnitt. Schnitt. Schnitt.

Und was gibt es in Düsseldorf sonst noch zu loben oder hervorzuheben? Im breiten Angebot einer Stadt, die nicht nur Politikern, Geschäftsleuten und finanziell bestens ausgestatteten Werbefachleuten etwas bieten möchte, sondern auch arrivierten Künstlern und Besuchern, die sich etwas gönnen wollen? Jedenfalls scheint sich die hochwertige Gastronomie tendenziell eher im wohlhabenden Norden niedergelassen zu haben. Der Durchschnittsverdienst liegt in Kaiserswerth, Angermund, Wittlaer oder Stockum weit höher als in anderen Teilen der Stadt, was sich auch auf den Umsatz der Gastronomen auswirken dürfte. Hervorragende Restaurants haben sich aber auch auf der anderen Rheinseite angesiedelt. Im Dörfchen Lörick zum Beispiel, das sich längst mit Oberkassel verbandelt hat, liegt versteckt in einem kleinen unauffälligen Häuschen das »Hummerstübchen«. Eingeschossig, mit eher niedrigen Decken wirkt es wie eine kleine Pension. Ein Restaurant, das in den Düsseldorfer Rankings immer ganz weit vorn liegt und schon seit 1991 vom Guide Michelin mit zwei Sternen geführt wird, würde man hier auf den ersten Blick eher nicht vermuten. Die Spezialität des Hauses sind Hummer, wie der Name schon vermuten lässt. Die verwinkelten Räume sind nicht auf »jemütlisch« getrimmt, sondern klassisch-modern ausgestattet. Urkunden an den Wänden bezeugen, dass das Koch-Duo schon mehrmals bei Empfängen der Landesregierung seine Kunst gezeigt hat. Auch Queen Elizabeth kam offenbar schon in den Genuss der Hummer-Spezialitäten á la Peter Nöthel und Peter Liesenfeld.

Nur ein paar Hundert Meter weiter nördlich kommt beim »Landhaus Mönchenwerth« zur anspruchsvollen Küche (wenn auch ohne Stern) noch die Aussicht auf die unverbaute Auenlandschaft des Rheins hinzu. Und Vorsicht, jetzt wird geschwärmt: Im Sommer sitzt man hier auf einer wunderschön gelegenen Terrasse unter alten Platanen und Linden. So bezaubernd ist dieser Platz, dass das Essen schon fast zur Nebensache wird. An der Niederlöricker Straße 56 wird sowohl traditionelle als auch molekulare Küche angeboten. Das Hauptgebäude mit seinen weiß gestrichenen Ziegelmauern und einer großzügigen Fachwerkfenstergalerie ist mehr als 300 Jahre alt. Errichtet wurde es von belgischen Trappisten, damals noch auf einer Insel (»Werth«) zwischen dem Hauptfluss und einem zweiten Rheinarm. Später diente es als Kohlenhandlung für die Schifffahrt. Kein Wunder, dass zunächst vor allem die Kohlenschiffer hier einkehrten. Später kamen die Ausflügler hinzu, die den Besuch des Lokals mit einem Bad im Rhein verbanden, von den nahen Sandbänken aus.

Vom Wetter sind Chefkoch Guy de Vries und Geschäftsführer Christoph Schweinböck, die seit der Jahrtausendwende das Landhaus gemeinsam führen, immer noch so abhängig, als ob die Gäste weiterhin zum Baden kämen. Wenn die Sonne scheint, zieht es Düsseldorfer und Meerbuscher in Scharen hierher. Bei Regen funktioniert der Lockruf der anspruchsvollen Küche leider nicht ganz so, wie die beiden es sich wünschen. Im Winter bleibt es hier still. Und noch etwas trübt die Stimmung: »Wir sind das erste Haus in Büderich. Das ist schön«, sagt Christoph Schweinböck, »aber wir wären lieber das letzte Haus in Düsseldorf.« Jeder Marketing- und Tourismusexperte versteht das sofort: Wer im Düsseldorfer Telefonbuch oder in einem lokalen Gastronomieführer nachschlägt, wird das »Landhaus Mönchenwerth« darin nicht finden. Obwohl von den Gästen kaum einer bemerkt, dass Düsseldorf schon ein paar Meter vorbei ist.

Genug der nördlichen Peripherie. Zwei Lokale müssen aber unbedingt noch erwähnt werden, weil sie nämlich immer erwähnt werden und das auch verdient haben. »Roberts Bistro« wird zwar schon seit geraumer Zeit nicht mehr von dem Mann betrieben, der es erfunden und ihm seinen Namen gegeben hat. Aber das Bistro-Restaurant am Hafen (Wupperstr. 2) hat seither weiter seine kleinen Eigenarten gepflegt. Zunächst natürlich die schier endlos mit kleinen feinen Gerichten vollgestopfte Speisekarte, die man als Anfänger rauf und runter lesen muss, als würde man auf einem riesigen Kassenbon nach einem Fehler suchen. Was man dann auf den Teller bekommt, wirkt wie spontan improvisierte »Gelegenheitsküche«. Vielleicht ist es das sogar, aber dann nur in dem Sinne, wie Goethe sich einst als »Gelegenheitsdichter« bezeichnete – er dichte ja nur, wenn sich ihm eine Gelegenheit biete, soll er gesagt haben. So muss es sich auch mit den Gerichten in »Roberts Bistro« verhalten. Und genau wie beim großen Meister natürlich doch jedes Wort genau bedacht war, so ist im Bistro jede beiläufig hingetupfte Beilage Teil eines großen Plans. Frisch und auf den Punkt zubereitet ist es garantiert auch.

Eine weitere Eigenart dieser Lokalität: Um den Bistro-Gedanken, das zwanglose Kommen und Gehen, nicht zu verraten, werden grundsätzlich keine Reservierungen entgegengenommen. So herrscht in dem immer übervollen Bistro oft eine etwas turbulente Stimmung. Und weil man es sich leisten kann, stehen die Tische und Stühle im Innenraum so eng, dass es die reinste Freude ist, sich zur Toilette durchzuschlagen und dabei das Gewusel zu beobachten – vorausgesetzt, man selbst hat einen Platz an einem der draußen aufgestellten Bierbänke. Drinnen sind an solchen Abenden gewissermaßen auch die Gäste Teil einer Inszenierung. Aber dass es oft so richtig eng und voll ist, tut der Beliebtheit dieses Bistros offenbar keinen Abbruch.

Und dann ist da natürlich noch die allseits beliebte Altstadt. Man muss schon sehr aufpassen, dass man aus seiner Zuneigung zur Altstadt nicht zu viel Aufhebens macht. Sonst glauben die Leute irgendwann, man wolle dort bloß unerkannt eine dunkle Seite ausleben: Wurstbrötchen mit Senf verschlingen, belgische Pommes tütenweise nachkaufen oder dergleichen mehr. Selbst wenn das stimmen sollte, kann man immer noch jedem, der einem in der Altstadt über den Weg läuft, erzählen, man habe einen Tisch im »Tante Anna« reserviert. »Verstehe, sehr gut!«, wird der andere anerkennend kommentieren. Mitten im größten Pizza- und Altbier-Gedröhn steht das Traditionsrestaurant wie eine Festung, der die Junggesellenabschiede und Kegelbrüderausflüge nicht das Geringste anhaben können. Wer im Herzen der Altstadt bis hierher vorgedrungen ist, der wird, kaum hat er die Eichentür aufgestoßen, in eine Kammer des Friedens und der dunkelschweren Behaglichkeit eintreten. Eine exzellente traditionelle Küche erwartet ihn. Und eine Weinkarte, die nur beim Kenner gut aufgehoben ist. Beim Laien löst sie nämlich Entscheidungspanik aus.

Darum ist es am Rhein so schön

oder: Wie man die Chance nutzen kann, eine Stadt neu zu gestalten, ohne sie zu verhunzen.

Es war einmal eine Stadt, die lag nicht am Rhein. Die lag an einer großen Straße. Die Straße hieß Rheinuferstraße. Diese Stadt war eine schöne Stadt, aber wenn die Menschen zu dem großen Fluss gehen wollten, von dem ihnen die Alten erzählt hatten, mussten sie eine vierspurige Straße überqueren. Auf der anderen Seite der Straße verlief ein schmaler Bürgersteig. Von dort konnte man auf den Fluss hinabsehen, auf die alten Kasematten und die Treppen, über die man nach unten zu den Kaianlagen hinabsteigen konnte. Das war schön, aber die Autos rasten ohne Unterlass im Rücken der wenigen Wagemutigen vorbei. Es stank, es war laut, und der Fluss war sehr weit weg. Die Menschen warteten, dann wandten sie sich um und kehrten wieder zurück in die Stadt. Diese Stadt hieß Düsseldorf am Rhein.

Manche Märchen sind sehr traurig – und gehen in der Wirklichkeit dann doch gut aus. Das Schlussbild dieses

Märchens zeigt eine Stadt, die an den Rhein zurückgekehrt ist, nachdem sie ihm viele Jahrzehnte den Rücken zugekehrt hatte. Wer Düsseldorf noch gewissermaßen rheinlos kennengelernt hat, der mag noch immer nicht recht glauben, was da eigentlich passiert ist, so harmonisch ist den Verkehrs- und Stadtplanern diese Heimholung des Rheins gelungen. Der Rheinufertunnel war in Düsseldorf keineswegs unumstritten. Er bedeutete eine lange Zeit mit viel Lärm und Schmutz, er brachte Umleitungen und Zeitverzögerungen mit sich. Kosten- und Nutzenrechnungen wurden aufgestellt, und viele warfen die Frage auf, ob sich so viel Aufwand für ein paar Tausend Quadratmeter Fußgänger-, Radfahr- und Inline-Vergnügen rechnen würde. Nicht immer ist solche Skepsis unbegründet, dem planerischen und finanziellen Aufwand entspricht oft kein angemessener Gegenwert. Aber der Rheinufertunnel, der die Rheinuferstraße unter die Erde holte, war eine geniale Tat. Um das zu verstehen, genügen ein paar Schritte aus der Altstadt hinaus, auf die Kieswege zwischen den mittlerweile gar nicht mehr so kleinen Bäumen. Mitten in der Stadt bekommt der Spaziergänger etwas geboten, das eine wahre Seltenheit ist. Eine völlig andere Welt tut sich vor ihm auf, ein gewaltiges Landschaftspanorama, für das andere Stadtbewohner sich lange ins Auto oder in die S-Bahn setzen müssen. Die Isar in München beispielsweise ist auch ein Fluss, aber wenn man nicht aufpasst, dann hat man ihn überquert, ohne ihn bemerkt zu haben. Dazu genügt bereits ein gutes Gespräch oder ein interessanter Zeitungsartikel als Straßenbahnlektüre.

Der Rhein aber lässt einen in Düsseldorf jedes Mal wieder aufblicken. Es ist seine schiere Größe, die Kraft eines großen Stroms, der das ganze von Menschenhand aufgetürmte Postkartenansichtspanorama plötzlich klein und zerbrechlich erscheinen lässt. Über die Rheinbrücken wechselt man von einer Welt in die andere. Auch wenn man in Wahrheit nur von der Altstadt nach Oberkassel poltert, scheint man über diese ebenso kühl wie kühn wirkenden Brückenkonstruktionen hinweg binnen Sekunden von Ost nach West zu reisen, über das Meer, in die Ferne. Lassen Sie ruhig Ihre poetische Phantasie ein wenig spielen. Für einen Moment ist man ganz woanders, um Minuten später wieder in Düsseldorf anzukommen. Das ist der Zauber, der einer Stadt innewohnt, durch die ein großer Fluss fließt. Oder die am Meer liegt. Düsseldorf liegt also täglich für ein paar Sekunden am Meer. War man eben noch von der Enge der Altstadtgassen umfangen, so tritt man nun in eine Weite, die kein noch so großer Platz bieten kann und die einem unfassbar viel Freiheit schenkt.

Wo wir gerade vom Meer sprechen: Die Düsseldorfer hatten auch schon seit eh und je einen eigenen Hafen. Der Hafen lag gar nicht weit weg vom Zentrum, wie ja im Grunde nichts wirklich weit weg vom Zentrum liegt, abgesehen von Himmelgeist, Benrath, Kaiserswerth und Wittlaer. Aber der Hafen lag trotzdem noch weiter weg als man es vom Rhein zu Zeiten der Rheinuferstraße je hätte behaupten können. Es war natürlich ein Industriehafen mit ein paar Becken, an denen Kräne standen und große Silos, von denen man allerdings nichts mitbekam, wenn man nicht dort arbeitete. Der Hafen war etwas für Hobbyfotografen und Träumer, die etwas sehen wollten, das mit dem schicken und lebendigen Düsseldorf nichts gemein hatte.

In Düsseldorf gibt es jedoch eine interessante Art der Eingemeindung. Die nahe gelegenen Ortschaften wie etwa das sehr selbstbewusste Benrath werden irgendwann als neuer Stadtrand deklariert – die Stadt wächst nach außen, wie es viele andere Städte genauso tun. Aber Düsseldorf kann auch sehr gut nach innen wachsen. Der Freud'sche Lehrsatz »Wo Es war, soll Ich werden«, heißt dann in der Düsseldorfer Variante: Wo schon Düsseldorf war, kommt Düsseldorf Plus hin. Das ist kein Krebsgang, das nennt man Stadtplanung. Und ohne jetzt in grenzenlose Schwärmerei zu verfallen, sei festgehalten, dass die Stadt hier nach dem Rheinufertunnel zum zweiten Mal den richtigen Riecher gehabt hat. Wenn man das Gute erst einmal erkannt hat, lässt sich leicht das Beste daraus machen. Ein Hafen, mitten in der Stadt? Zu Fuß von der Kö in 20 Minuten zu erreichen? Her damit!

Denn irgendwann drehten sich immer weniger Kräne an den Becken, füllten sich die Silos mit immer weniger Getreide. Düsseldorf war immer auch eine große Industriestadt gewesen, doch davon war immer weniger zu spüren. Der Hafen sollte also zu einem Viertel entwickelt werden, das bei Journalisten, Designern und Architekten als cooler Standort gelten würde. Bei einem solchen Konzept musste man natürlich aufpassen, dass es nicht als Kopfgeburt enden würde. Dass hinterher nicht die Menschen wegblieben.

Dafür war ein langer Anlauf nötig. Wie viele andere Kommunen wollte Düsseldorf Anfang der 90er-Jahre zunächst eine Medienstadt werden. Die Planer setzten vor allem auf die Ansiedlung großer Fernsehsender. Im kostspieligen Buhlen um RTL, Viva und Vox aber hatten sie ausgerechnet gegen den rheinischen Konkurrenten Köln das Nachsehen. Zwei mittelprächtige Exemplare fischten die Düsseldorfer noch aus dem Medienteich heraus: den Kindersender »Nickelodeon« und den »Wetterkanal«. Aber beiden ging schnell die Luft aus. Absagen und Pleiten – der Ruf als kommende Medienstadt war schneller dahin, als er aufgebaut worden war.

Obwohl es mit den Sendern nicht geklappt hatte, legte die Stadt es weiterhin unverdrossen darauf an, ihren vermeintlich attraktivsten Zukunftsstandort auszubauen. Der Düsseldorfer Hafen liegt in einer weiten Kurve des Rheins, die Schiffe fuhren zum Be- und Entladen in ihn hinein wie in eine Garageneinfahrt. Das erste Hafenbecken liegt parallel zur Hammer Dorfstraße und zur Stromstraße. Hammer Dorfstraße – das klingt irreführend provinziell. Aber es gibt dort eine Reihe von guten Kneipen und Restaurants, deren Zahl seither stets größer wird. Die Planer nutzten die begehrten städtischen Grundstücke als Faustpfand, um ihre Auflagen gegenüber den Investoren durchzusetzen und so eine Medienmeile zu schaffen: Spitzenarchitektur und Medienfirmen als Nutzer waren Pflicht, niedrige Mieten das probate Lockmittel.

Fünf Jahre lang hatte das WDR-Landesstudio (1991 errichtet) wie ein ironischer Kommentar zu den großen Plänen allein am weiten Fluss gestanden. Bis zur Jahrtausendwende waren hier bereits 700 Millionen Mark verbaut worden. Sie waren in Gebäude wie das Turmensemble des Amerikaners Frank O. Gehry geflossen. Die in drei Gruppen schief emporwachsenden Haustürme scheinen sich im Wind zu wiegen wie 20 Meter lange Knetgummilatten.

Der Hafen sei der »einzige Bürostandort Düsseldorfs, wo die Nachfrage das Angebot übersteigt«, hat Projektkoordinator Alfred Dahlmann einmal erklärt. Und ein Vertreter des Deutschen Multimedia-Verbands hat von einer »gelungenen Soziosphäre« gesprochen. »Wir sind doch alle Hedonisten«, erläutert er die Grundkonstitution der 700 Mitglieder seines Verbands. »Um kreativ zu sein, brauchen Kreative eine angenehme Umgebung.«

Die Floskel »Haste was, biste was« gilt allerdings auch hier. Zwar gibt es vereinzelt noch immer Industrie im Düsseldorfer Hafen, vornehmlich tummeln sich hier jedoch Kreativbüros, Restaurants und Hotels. Architektonisch konnte der Coup der Gehry-Bauten nicht wiederholt werden. Aber zum Beispiel die Mischung der denkmalgeschützten Backsteinspeicher an der Speditionsstraße mit den neuen, ziemlich kess und bunt dazwischen gesetzten Hochhäusern, die hat zweifelsohne ihren Charme. Elemente der Hafenarchitektur wurden hier als überdimensional-ironische Zitate aufgegriffen. Und auf der Fußgängerbrücke, die von »Am Handelshafen« zur Spitze der Speditionsinsel führt, kann der Besucher sogar auf halbem Wege von einem gastronomischen Angebot Gebrauch machen. Das ist originell. Allerdings auch nicht ganz frei von Protz und merklich um Ausgefallenheit bemüht. Aber doch alles andere als Dutzendware.

Der Hafen gilt als die neue coole Partymeile. Auf kühlen Plattformen wie in der »Meerbar« ist viel Platz im Zement geblieben, der von vielen großen Kissen und fast ebenso vielen großen Sesseln ausgefüllt wird. Das Restaurant ist riesig, mit hohen grauen Decken. Aber wehe, es ist nicht richtig voll. Dann hat man recht schnell das Gefühl, zur falschen Zeit am falschen Ort zu sein.

Fischrestaurants gibt es in Hülle und Fülle, und die Großdisco 3001, ursprünglich von »Toten-Hosen«-Manager Jochen Hülder mitgegründet und wohl auch als trotziges Signal in Richtung Köln verstanden, zieht nach wie vor jede Menge Partygänger an. Allerdings gibt es auch einen schwerwiegenden Verlust zu beklagen: An der unbebauten Spitze der Speditionsinsel hatte sich für einige Jahre eine der ersten Strandbars der Republik niedergelassen. Von hier aus hatte man nachts einen wundervollen Blick auf die Gehry-Bauten. Nie wusste man genau, ob es nun diese Türme waren, die schwankten, oder ob man selbst zu viel getrunken hatte. Jedenfalls war diese Location eine Attraktion – nicht nur für Touristen. Werbe- und Marketingleute, Jungunternehmer, BWL-Nachwuchs – sie alle kamen dort zusammen, und sie alle trifft man im Medienhafen auch heute noch an. Aber nur weniges werden die Jungen und Erfolgreichen wohl je wieder so lieben wie diese dauerimprovisierte Strandparty mit Liegestuhl und karibischen Drinks. Dass dort zwei neue Hotels errichtet werden, ist ein Punkt, den die Stadtplaner sich nicht auf der Plusseite verbuchen dürfen.

In Sachen moderner Architektur braucht Düsseldorf sich wahrlich vor keiner anderen deutschen Stadt zu verstecken. Allerdings kann man in Düsseldorf auch leicht nachvollziehen, wie schwierig Stadtplanung manchmal sein kann. Großartiges und Kleinmütiges, Einzigartiges und Banales scheinen hier zu einem bestechenden Ensemble zusammengefügt. Stadtplanerischer Bastard oder faszinierend-surrealistischer Entwurf mit Mut zur Unvollkommenheit? Der Gustaf-Gründgens-Platz ist ein unlösbarer Dauerauftrag an alle Menschen, die kreativ mit Bauen und Gestalten befasst sind. In zig Wettbewerben, im kleinen wie im großen Rahmen, wird immer wieder dafür getrommelt, sich dieser Herausforderung anzunehmen. Vielleicht sollen damit auch nur die kreativen Reflexe einer künstlerisch durchdrungenen Stadt überprüft werden – wie beim gezielten Schlag mit dem Gummihammer aufs Knie. »Ideen und Konzepte für die Neugestaltung des Gustaf-Gründgens-Platzes« – das ist jedenfalls ein Thema, welches Lokaljournalisten verfolgt wie der jährliche Altweiberkarneval.

Die Verzwicktheit der Aufgabe liegt in der kühnen Pracht zweier großer architektonischer Entwürfe begründet, die an diesem Platz nach dem Krieg realisiert wurden. Das Dreischeiben-Haus ist ein wunderschönes Hochhaus, das aus ineinander verschobenen schlanken Scheiben besteht. Es verdreht einem den Kopf, wenn man auf diesem Platz steht und zu dem Haus emporschaut. So unpathetisch und erhaben konnte man Ende der 50er-Jahre in Deutschland bauen, mit Edelstahl, Aluminium und Glas. Das Haus verkörpert Größe und tritt zugleich hinter seiner Wucht zurück. Es dominiert zwar den Platz, macht sich aber am Himmel unsichtbar.

Wenn man hingegen zur rechten Seite schaut, erblickt man das genaue Gegenteil dieser nach oben greifenden, feingliedrigen Hand. Dort hat sich das Schauspielhaus hingelegt, wie eine zur Ruhe gekommene Welle, die sich niemals brechen wird. Seine Architektur lebt von ihren Gegensätzen: hart und weich, hoch und flach, streng und lieblich. In Kombination mit dem Thyssen-Haus, wo seit der Fusion von Thyssen und Krupp ein Teil des Firmensitzes untergebracht ist, ist das 1970 eröffnete Schauspielhaus ein Triumph moderner Repräsentationsarchitektur: präsent, ausdrucksstark und nicht im Mindesten erdrückend. Ein ungewöhnlich originelles und heiteres Duo.

Man tritt diesen Gebäuden wirklich erfreut entgegen, man fühlt sich auf das Angenehmste empfangen – nur ist der Gustaf-Gründgens-Platz eben nicht gerade ein standesgemäßer roter Teppich dafür. Zwei herausragende moderne Bauten und eine große Fläche ergeben leider noch keinen beeindruckenden Platz. Erst recht nicht, wenn dieser von keinem Baum, keinem Strauch, keinem Fleckchen Rasen geziert wird, weil er nämlich die unbepflanzbare Decke einer großzügigen Tiefgarage darstellt. Den Platz als »öde« zu beschreiben, ist unverschämt naheliegend. Und das nervt die Düsseldorfer, denn statt die Architektur zu loben, jammern die Besucher meistens nur über die leer gefegte Plattform.

Verhängnisvoll wirkt sich auch aus, dass der Platz mehr oder weniger umstandslos in einen zweiten, ähnlich großen Platz übergeht. Und dass dieser Jan-Wellem-Platz zu großen Teilen aus Schienensträngen besteht. Ausgerechnet in unmittelbarer Nachbarschaft der anderen wenig attraktiven Platzfläche. Alles wirkt unabgeschlossen und inhomogen: eine übergroße Weite, die mehr als lückenhaft begrenzt wird. Auch jene Gebäude, die an sich beeindruckend sind, wirken hier fast verloren. Den Eindruck der Unbehaustheit verstärkt noch eine den ausufernden Stadtraum durchschneidende Hochstraße, wo man ungehindert von lästigen Kreuzungen aufs Gas drücken kann wie sonst nur auf der Autobahn. Die Zukunft dieses von den Düsseldorfern als »Tausendfüßler« bezeichneten Bauwerks ist allerdings ungewiss.

In letzter Zeit haben sich nämlich erstaunlicherweise neue Kräfte gebildet, die den Tausendfüßler vor dem Abriss bewahren wollen, weil er ein denkmalgeschütztes Relikt der 60er-Jahre ist. Offenbar gibt es Menschen, die das weite Teile des Platzes verdunkelnde Betonstelzenwerk doch wieder ins Herz geschlossen haben.

Überhaupt sind es gerade ihre Plätze, welche für die im Krieg heftig zerstörte Stadt ein Problem darstellen. Sie sind Verkehrsknotenpunkte, aber entweder nicht zu Ende gedacht (Gustaf-Gründgens-Platz/Jan-Wellem-Platz) oder durch die desaströse Nachkriegsarchitektur zunichte gemacht worden, wie am Worringer Platz, neben dem Bahnhof.

Einen Platz, der zum Innehalten und Verweilen einlädt, gibt es allerdings auch: den Schlossplatz. Er liegt nahe am Rhein, und eine große, zur Kaistraße des großen Stroms hinabführende Freitreppe lädt verführerisch zu seiner Anbetung ein. Mit Bier und Abendsonne funktioniert das prächtig. Diese Freitreppe zur Kaistraße ist die spanische Treppe der Düsseldorfer, vor allem der jungen.

In der Strukturwandelhalle

Wie sich Düsseldorf von der Schwerindustrie verabschiedet

Düsseldorf galt nicht immer schon als Schreibtisch des Ruhrgebiets. Im Osten, Südosten und Nordosten der Stadt war die flotte Stadt lange Zeit nur von Fabriken, Lagerhallen und Schornsteinen umgeben. Mittendrin ist Düsseldorf vielleicht kreuzfidel, aber in Stadtteilen wie Oberbilk, Flingern, Lierenfeld oder Holthausen hätte Düsseldorf auch Duisburg oder Gelsenkirchen heißen können. Im Osten begann früher direkt hinter dem Bahnhof die Zone der Schwerstarbeit: Thyssen Stahlwerk, Mannesmann Röhrenwerke, Vereinigte Kesselwerke – vom edlen Düsseldorf war hier nicht viel zu spüren. An die Großindustrie erinnern heute noch Locations, die in ihren ehemaligen Gebäuden untergebracht sind, so wie das »Stahlwerk« in der Ronsdorfer Straße, bei dem es sich um die ehemaligen Mannesmann-Residenz handelt. Wo einst die Fertigungshallen der Kesselwerke am Oberbilker Markt standen, sind neue Gebäude in Beton und Glas hochgezogen worden, wie das Internationale Handelszentrum. Aber noch immer ziehen sich an der Werdener Straße jenseits der neu errichteten Landes- und Justizeinrichtungen weite Brachflächen durch die Stadt.

Im Ruhrgebiet eröffnen sie in den ehemaligen Zechen und Kokereien ein Kulturzentrum nach dem anderen, in so kurzen Abständen, dass man sich fragen muss, woher überhaupt all die Kulturschaffenden und ganz nebenbei auch all die Kulturinteressierten kommen sollen. Das ganze Jahr Ruhrtriennale geht nun mal nicht. Außerdem geht die Einwohnerzahl des Ruhrgebiets zurück. Städte wie Duisburg und Essen werden jedes Jahr ein kleines bisschen kleiner. So wird auch das Geld weniger, das den Städten zur Verfügung steht, und genau dieses Geld fehlt dann, um die Stadt attraktiver zu machen. Denn die Städte werden durch Leerstand nicht schöner, während die Kommunen zugleich viel Geld für diejenigen ausgeben müssen, die es sich nicht leisten können, vom schwächelnden Standort wegzuziehen. Die, die bleiben, sind in der Regel nicht die Großverdiener, sondern die Gar-nix-mehr-Verdiener, die Kranken und die Alten, die Arbeitslosen, Sozialhilfeempfänger und Ausländer, die in den halb ausgestorbenen Vierteln eigene Communities bilden und sich abschotten. Die Attraktivität solcher Ghettos sinkt daraufhin für Deutsche ganz rapide. Nur wer keine Perspektive hat, bleibt. Wer sich stark genug fühlt, geht. Hamburg, München, Köln und Frankfurt, die wenigen wirklich attraktiven deutschen Großstädte, ziehen in letzter Zeit immer mehr Menschen an.

Aber auch Düsseldorf ist offenbar attraktiv: Die Immobilien- und Mietpreise steigen, die Infrastruktur lässt kaum etwas zu wünschen übrig. Außerdem stimmen die

»weichen Faktoren«: Die Stadt ist ein Dienstleistungszentrum, es gibt eine abwechslungreiche gastronomische Landschaft, es gibt Kultur und attraktive Wohnviertel. So viel Lebensqualität auf einem Fleck muss man erst einmal finden. Oder umgekehrt: Man muss auch über die Städte im näheren Umfeld von Düsseldorf sprechen, um die Anziehungskraft zu verstehen, die für viele Menschen von dieser Stadt ausgeht. Essen, Bochum, Duisburg, Gelsenkirchen, selbst Wuppertal hatten in ihrer industriell geprägten Phase viele Gemeinsamkeiten mit Düsseldorf. Aber während die meisten dieser Städte sich immer noch damit abmühen, das Ende des Industriezeitalters zu verkraften, hat Düsseldorf seine Stellung als Metropole zu nutzen gewusst. Ob Kreativwirtschaft oder Dienstleistungsunternehmen – Düsseldorf hat nicht nur dafür gesorgt, dass die Infrastruktur stimmt, sondern bietet auch die nötige Portion Glamour.

Die Stadt strahlt also einen Glanz aus. Vor allem im Zentrum. Aber auch in vielen anderen Vierteln, über die noch zu sprechen sein wird. Und zunehmend an Stellen, wo das Zentrum längst nicht mehr hinreicht, wo abgeräumte Gewerbegebiete mit neuem Leben gefüllt werden.

Etwa im Norden der Stadt: Das ehemalige Rheinmetall-Gelände an der Ulmer Straße und gleich gegenüber die seit vielen Jahren leer stehende Polizeikaserne an der Tannenstraße befinden sich zwar außerhalb des üblichen touristischen Radius. Auch der attraktive Hafen ist weit weg. Aber wer an intelligenten Stadtraumlösungen interessiert ist, sollte sich hier unbedingt einmal umsehen. Die weitläufige Anlage steht unter Denkmalschutz und wurde 1890 für das preußisch-wilhelminische Ulanenregiment errichtet. Das Ideal, einen Lebensraum zu schaffen, der für die Kombination von Wohnen und Arbeiten geeignet ist, scheint hier gelungen zu sein.

Ebenso auf dem Grundstück gegenüber, obwohl dort ganz anders vorgegangen wurde. Der Rheinmetall-Konzern hatte den Produktionsstandort Derendorf schon 1992 aufgegeben. Übrig geblieben sind davon lediglich das repräsentative Verwaltungsgebäude im Stil der klassischen Moderne sowie der mächtige Ziegelturm der ehemaligen Energiezentrale.

Statt nach dem Abriss der Fabrikhallen eine Brachfläche entstehen zu lassen, machte man sich sogleich an architektonisch ambitionierte Neubauprojekte. Im schönsten rheinischen Backsteinexpressionismus erhebt sich beispielsweise das »Gelbe Haus«, das mit seinen hohen Ateliersprossenfenstern wie ein liebevoll restauriertes Industriedenkmal ausschaut. In Wahrheit ist es ein Neubau mit Elchgeweihen über den Fenstern und goldenen Diana-Figuren auf dem Dach. Den anderen Gebäuden sieht man allerdings auf Anhieb an, dass sie neu sind. Es handelt sich meistenteils um wuchtige Würfel, die luftig über das Gelände verstreut stehen, viele im klassischen Ziegelbau errichtet. Hauptsächlich Modefirmen haben sich hier niedergelassen. Von desillusionierendem Leerstand ist auch auf den zweiten Blick nichts zu entdecken.

Auf dem Kasernengelände an der Tannenstraße musste natürlich eine andere Strategie verfolgt werden. Hier dominierte ebenfalls die Ziegelbauweise, nur hat sie hier ihre Bestimmung in repräsentativen Treppengiebeln und aufwendigen Fensterbögen gefunden. Schön, aber in schlechtem Zustand. Bei solchen Kleinodien wird zwar vielen Menschen warm ums Herz, aber nicht zwangsläufig lässt sich auch eine langfristige Nutzung erwirtschaften. Während man in Leipzig die historische Bausubstanz dann eben abgerissen hätte, zieht in Düsseldorf die zweitgrößte Werbeagentur aus der Innenstadt nach Derendorf um und nimmt ihre über die City verteilten Dependancen gleich mit. »Jetzt hat die ›Stadt der Ideen‹ einen ›Platz der Ideen‹«, kommentierte die *Rheinische Post* seinerzeit den Umzug der Grey Group. Ein langgezogener Ziegelkasten, streng, wuchtig, aber auch verspielt, mit gegeneinander verschobenen Fensterreihen, die auf den Betrachter leicht irritierend wirken. Dass unter den alten Bäumen am »Platz der Ideen« kein Trubel herrscht wie in einer Fußgängerzone, ist allerdings nachvollziehbar. Das hier ist ein Ort zum Arbeiten. Daran zumindest hat sich nichts geändert.

Immer am Wasser entlang

Düsseldorf liegt am Rhein – und wie. Eine Radtour von Volmerswerth nach Kaiserswerth

Was braucht ein Düsseldorfer, wenn er an den Rhein geht? Ein gutes Buch von Heinrich Heine? Einen Wanderstock? Badehose und Badetuch? Vielleicht von alledem etwas, aber auf jeden Fall auch Grillkohle, große Kühlbehälter voller Würstchen, Steaks, Fleischspießchen, mindestens einen Kasten Altbier und jede Menge Freunde. Mehr braucht ein Düsseldorfer nicht, wenn er zum Rhein geht, aber weniger sollte es auch nicht sein.

An einem sonnigen Frühlingstag stehen zwei Herren auf Höhe des Hafenbeckens, unweit des Kraftwerks Lausward. Sie tragen Shorts und T-Shirts, haben alle erwähnten Accessoires im Gepäck und sind kurz davor, den alles entscheidenden Abstieg auf Höhe null zu unternehmen.

Vor ihnen liegen 20 bis 30 Meter Rheinwiesen mit hohem Gras zwischen Weiden und Pappeln sowie ein recht steil abfallender Hangweg, den sich die Einheimischen über Generationen hinweg tapfer ertrampelt haben, stets getrieben von der Aussicht auf ein paar angenehme Stunden. Warum die beiden Herren hierhergekommen sind? Weil auch ihre Väter schon mit ihnen hier waren, bestätigen sie lächelnd auf Anfrage. Und weil Lagerstätten wie diese, wo sich eine Sandstrandbucht an die andere reiht, zu Düsseldorf einfach dazugehören. Sie werden an diesem Sonntagnachmittag bestimmt nicht die Ersten sein, die hier am »Bilker Beach« (nach dem nahe gelegenen Stadtteil Bilk) den Grill anschmeißen und die Bierflaschen zum Kühlen im Rhein versenken.

Diese Rheinuferidylle hat durchaus was von einem Fleischgrill – im doppelten Sinne, nämlich auch für menschliches Fleisch. Und wie bereits angedeutet, liegt sie keineswegs weit vor den Toren der Stadt, sondern nur ein paar Hundert Meter vom Landtag und der Rheinuferpromenade entfernt. Die zahllosen Badestellen am Rhein ziehen sich bis in die Innenstadt hinein. Überall sieht man Familien, die es sich mit Hund, Fahrrad, Grillstation und Transistorradio im Sand gemütlich gemacht haben.

Düsseldorf und die Düsseldorfer sind immer nah dran an ihrem Rhein. Am besten überzeugt man sich davon, indem man vom ganz im Süden gelegenen Stadtteil Volmerswerth bis zum ganz im Norden gelegenen Kaiserswerth mit dem Fahrrad am Rhein entlangfährt. Dabei braucht man kein einziges Mal den Fluss aus den Augen zu verlieren. Das sieht in anderen Städten, die vierspurige Straßen direkt an den Fluss gerammt und für Radler oder gar Fußgänger keinen Platz gelassen haben, ganz anders aus.

Auch in Düsseldorf ist diese Rheinzugewandtheit eine relativ neue Entwicklung. Theoretisch hätte ein Fahrradfahrer natürlich auch früher schon auf der Rheinuferstraße am Fluss entlangsausen können. Jeder auch nur sekundenlange Seitenblick auf das Flusspanorama hätte ihn dann allerdings in Lebensgefahr gebracht, und die Tour wäre als Freizeitgestaltungsmaßnahme nicht unbedingt zu empfehlen gewesen. Auch Spaziergänger hatten seinerzeit wenig Freude am Rhein, kamen sie doch auf dem schmalen Fußgängerweg kaum aneinander vorbei.

Entspannt dahinrollen und das Leben am Fluss beobachten – das geht in der City erst jetzt, nachdem die Rheinuferstraße eine Rheintunnelstraße geworden und Düsseldorfs Altstadt gleichsam an den Rhein zurückgekehrt ist. Und noch eine zweite Lücke musste erst geschlossen werden, um diese einmalige Radtour von Süd nach Nord möglich zu machen, nämlich dort, wo der Hafen liegt. Erst seit ein paar Jahren gibt es die hübsche Fußgängerbrücke, über die man das erste Hafenbecken überqueren und den Landtag erreichen kann.

Puristen könnten einwenden, streng genommen müssten Himmelgeist als südlichster und Wittlaer als nördlichster Stadtteil Düsseldorfs Start und Ziel der Tour sein. Man kann ihnen nur recht geben. Allerdings gibt es vom dörflichen Himmelgeist aus eine kurze Strecke ohne Rheinkontakt zu vermelden. Und was Wittlaer angeht, so bleibt es natürlich einem jeden unbenommen, nach dem Erreichen von Kaiserswerth noch ein Stück weiter zu radeln, bis Wittlaer am Rhein erreicht ist. Allerdings ist Kaiserswerth mit seinen Cafés und Restaurants, der Kaiserfeste und dem alten Stiftsplatz ein perfektes Ziel.

Ein Vorteil von Volmerswerth als Startort ist überdies, dass man mit der Straßenbahn dorthin fahren und dabei das Fahrrad mitnehmen kann. Auf dem Volmerswerther Damm nimmt dann die hübsche Tour ihren Anfang. Für geübte Fahrer, denen schöpferische Pausen gegen die sportliche Ehre gehen, ist sie leicht in zwei Stunden zu schaffen. Dabei kann man anhand des landschaftlichen Wandels gewissermaßen die Düsseldorfer Stadtentwicklung nachvollziehen: Die ländlichen Bezirke hinter dem Damm, wo sich große Gemüse- und Kohlfelder (Kappes Hamm) ausbreiten, werden erst von der Industrie- und Hafenkulisse und dann von Verwaltungsbauten abgelöst. Schließlich folgt die Rückverwandlung in eine noble Wohnstadt, die gemächlich in ländlich-gepflegte Ortsteile übergeht. Auf der linken Rheinseite wechseln niederrheinische Pappellandschaften mit Neusser Dörfern, bis auf der anderen Rheinseite Oberkassel auftaucht.

Wenn man den Rheinpark erreicht, der sich direkt an die Altstadt anschließt, ist Düsseldorf ganz bei sich, nämlich beeindruckend unkapriziös und entspannt. Über mehrere Kilometer hinweg breitet sich unmittelbar hinter der Altstadt eine einzige Grünfläche aus, die für alles Mögliche genutzt wird, wofür Wiesen sich in Städten nun einmal anbieten. Vor allem aber von Freizeitfußballern, die hier ihre Spielfelder abstecken und Jacken zu Torstangen umfunktionieren – wenn sie nicht gleich Fertigtore mitbringen.

Aber es gibt noch viel mehr zu sehen: Angler, Spaziergänger, Ruderer, sogar ein Jachtklub ist hier vertreten. Und es liegen Schiffe vor Anker, die über einen Steg oder einfach mit einem entschlossenen Schritt vom Ufer aus zu erreichen sind und ein gastronomisches Angebot bereithalten. Wer aber einen langen Atem und noch keinen allzu großen Durst hat, sollte lieber bis Kaiserswerth durchhalten. Dort gibt es nämlich einige wunderschöne, direkt am Rhein gelegene Gartenwirtschaften. Wer vom

Rhein dann schon genug hat, kann auch eine Wirtschaft im Dorfinneren aufsuchen. Unbedingt einen Abstecher wert ist zum Beispiel der »Ritter«, eines von vielen Traditionslokalen, die irgendwann in die Hände jüngerer Wirtsleute gefallen, aber davon keineswegs schlechter geworden sind. Im Hinterhof sitzt man unter großen Kastanien auf Holzbänken und bestellt sich zum Beispiel einen Flöns, also Blutwurst mit Senf und Brot, sowie ein kühles Getränk, je nach Alter und Geschmack. Denn wenn man eine solche sportliche Plackerei auf sich genommen hat, hat man sich auch eine Belohnung verdient – dafür macht man es schließlich. Egal, ob die Plackerei nun zwei oder sechs Stunden gedauert hat, weil man irgendwo auf halbem Weg hängen geblieben ist und sich den Rest der Fahrt für ein anderes Mal aufgehoben hat. So etwas ist zwar inkonsequent, aber schön. Und das ist irgendwie ja auch sehr rheinisch, zumindest wenn man für das, wozu man gerade am meisten Lust gehabt hat, eine gute Begründung findet.

PS. Hinweis für Radfahrer: Wer über ein geländegängiges Fahrrad verfügt, ein Mountainbike, der wird in diesem Teil der Welt vergeblich nach Gelände suchen, das der Bezeichnung seines Gefährts entspricht. Die Strecke ist flach wie ein Obstkuchen. Er kann sich jedoch zeitweilig vom komfortabel asphaltierten Damm verabschieden und sich dem Fluss etwas weiter annähern. Zwischen Damm und Vater Rhein liegen bisweilen über hundert Meter Luftlinie. Näher am Strom verlaufen Feldwege, teilweise geteert, oft aber bloß als Rüttel- und Schüttelstrecke. Wer sich dieser bedient, büßt zwar an Tempo ein, kann dafür aber zwischen Wiesen und Feldern ein Stück Naturromantik erleben.

PPS. Hinweis für chronisch ambitionierte Schwimmer: Man mag sich darüber wundern, dass so viele Menschen *am* Fluss, aber nur so wenige Menschen *im* Fluss anzutreffen sind. Das liegt bekanntermaßen nicht mehr an der Qualität des Wassers. Die Kläranlagen haben ganze Arbeit geleistet, sonst würde hier auch nicht so viel geangelt. Nein, das Rheinwasser verätzt niemandem mehr die Haut. Aber als ich selbst unlängst einen Ausflug an den Rhein unternahm und mich dabei zum Baden entschloss, machte ich eine Erfahrung, die mir eine Lehre war und die ich gerne weitergebe. Der breite Fluss hat nämlich eine erstaunlich starke Strömung, der Rhein ist mitreißend, und wer beim Schwimmen in Bereiche gelangt, wo das Wasser so tief ist, dass er keinen festen Grund mehr unter den Füßen findet, wird beängstigend schnell stromabwärts getrieben. Auch von Strudeln und unberechenbaren Unterströmungen ist die Rede. Mit etwas Glück im Unglück wird man bei dem nächsten Bogen, den der Fluss macht, ohne eigenes Zutun gnädig ans Ufer getrieben, womöglich allerdings an das gegenüberliegende. Ansonsten gilt: Wie groß der Rhein wirklich ist, merkt man erst, wenn man mittendrin steckt und nicht weiß, wie man wieder rauskommen soll.

Ganz ehrlich gelogen

Der Mythos von der Hauptstadt der Werbung

Ralf Zilligen redet manchmal so schnell, dass er selbst kaum nachkommt. Wenn er dann rekapitulieren will, was er eine Minute zuvor gesagt hat, kommt er nicht mehr drauf. Eine Minute ist lang, wenn Ralf Zilligen über Fußball spricht – oder, noch lieber, über Werbung. Und über Düsseldorf.

Ralf Zilligen hat sich für unser Treffen sein Lieblingscafé ausgesucht, die »Marktwirtschaft«. Im friedlichen Teil der Altstadt, nämlich in der Carlstadt. Das ist da, wo die Altstadt aufhört, Altstadt zu sein, wo sie nicht mehr ganz so alt, aber trotzdem noch klein und vor allem sehr gemütlich ist. In der »Marktwirtschaft« gruppieren sich die Tische im Halbkreis um eine fast kreisrunde Theke. Man ist hier ganz für sich und doch besonders intensiv in die allgemeine Kommunikation eingebunden, die zwischen Theke und Tür stattfindet, zwischen drinnen und draußen. Es gibt kaum ein anderes Lokal, wo so viel Kommen und Gehen herrscht und es trotzdem so anheimelnd ist. Ralf Zilligen passt gut hierher, er wirkt ein bisschen hektisch, ein bisschen getrieben, aber zugleich nimmt er sich für seinen Gesprächspartner alle Zeit der Welt.

Dass Ralf Zilligen noch immer mit ungebrochener Leidenschaft über zwei Lieblingsthemen sprechen kann, nämlich über Düsseldorf und über Werbung, ist eigentlich ein Wunder. Denn Zilligen ist erstens gebürtiger Kölner und zweitens einer, der die Werbewelt so gut kennengelernt hat, dass man sie danach eigentlich nur noch hassen kann. Sollte man meinen.

Als ich Zilligen kennenlernte, war er gerade Chief Creative der größten Werbeagentur Deutschlands geworden: BBDO, mit Sitz an der Kö. Es ging um eine Reportage über die Arbeitsrealität der Werber, die ich für die Seite Drei der *Süddeutschen Zeitung* schreiben wollte. Die Werberszene wirkt auf Außenstehende (und durchaus auch auf viele Insider) nämlich sehr attraktiv und schillernd: Rock'n'Roll, viele Partys, zwölf Stunden Arbeit am Tag und anschließend keine lästigen Termine mit Ehepartnern und Kindern, sondern Abfeiern mit der Agentur-Familie. Das ist ein Klischee, und es wurde von meiner Recherche vollumfänglich bestätigt.

Am Ende kam heraus, dass Werbung ein hartes Geschäft und Kreativität alles andere als ein lustiges Herumspinnen mit blitzschlagartigen Erleuchtungen ist. Dass »Rauf oder raus« tatsächlich eines der wenigen unumstößlichen Gesetze dieser glamourösen Branche ist. Entweder man wird früher oder später Chef (am besten so schnell wie möglich) oder man hält das Tempo nicht durch. Dann ist man irgendwann der einzige Grauhaarige unter lauter 25-Jährigen. Das kann unangenehm sein, besonders, wenn man dann noch so spießige Vorstellungen entwickelt wie vor Mitternacht zu Hause sein oder nicht jedes Wochenende durcharbeiten zu wollen.

Zilligen aber hatte es geschafft. Und er räumte damals freimütig ein, dass diese Beschreibung seines Metiers absolut zutreffend sei. Der Verschleiß an Lebenskraft und kreativer Energie sei enorm, auch wenn man Freude an dem Beruf habe. Und obendrein sei leider vieles davon abhängig, ob dein neuer Chef dein bester Buddy oder dein schnellster Henker werde.

Als ich Zilligen fünf Jahre später in der »Marktwirtschaft« wiedertreffe, ist meine Reportage »Der Tanz auf der Briefmarke« älter als das älteste Altpapier, und Ralf Zilligen hat alle Erhitzungsstufen durchlaufen, die das Fegefeuer einer Werbekarriere zu bieten hat. Bis zum Geschäftsführer ist er 2008 sogar noch aufgestiegen. Sechs Wochen lang hielt er sich an der Spitze, dann kam das Ende. Rauf oder raus. So konkret brutal hatte ich mir das nun doch nicht vorgestellt. Denn für Zilligen war es immer raufgegangen. Dann war ganz oben plötzlich Schluss. So einen wie Zilligen haut das aber nicht um. Längst ist er wieder im Geschäft, jetzt mit seiner eigenen Firma.

Damit ist Ralf Zilligen am Ende einer Bilderbuchkarriere dort angekommen, wo früher in Düsseldorf alles angefangen hat: bei der kleinen, inhabergeführten Agentur.

Zilligen nimmt einen Schluck von seinem Milchkaffee und merkt etwas melancholisch an, dass die Werbeszene in Düsseldorf heutzutage ganz anders aussehe. Die goldenen Zeiten der Werbung in der Stadt am Rhein seien längst Vergangenheit. Früher sei das Schlagwort von Deutschlands Hauptstadt der Werbung noch nicht so verbreitet und der Werbemarkt noch längst nicht so durchanalysiert und durchorganisiert gewesen wie heute, wo er zu einem bedeutenden Wirtschafts- und Jobfaktor geworden sei. Zu einer »Hochleistungsindustrie«, meint Zilligen. In den 60er- und 70er-Jahren hätten hier noch Wildwest-Verhältnisse geherrscht, Düsseldorf sei Dogde City gewesen, mit der Kunstakademie als Saloon.

Diese Zeiten hat Zilligen selbst gar nicht miterlebt, sie waren vor seiner Zeit. Aber sie sind ein Mythos, und der Mythos hat gewiss seinen Teil dazu beigetragen, dass einer wie Zilligen unter die Werber gegangen ist. Noch immer glaubt er, dass es in Düsseldorf einen besonderen Geist gibt, der den Unterschied ausmacht zu einer Stadt wie Hamburg, wo eher die windschnittigen, coolen, eloquenten Businesstypen Karriere machen.

Die wilden Düsseldorfer Werbe-Zeiten haben einst mit der hohen Verdichtung von Konzernzentralen ihren Anfang genommen. Während diese Firmen auf massenkommunikative Erleuchtung setzten, gab es in Düsseldorf eine Menge Nichtkonzernzentralen-Menschen, die ihr Leben nicht nach Businessplan strukturierten, sondern Künstler werden wollten, wenn sie es nicht längst waren. Charles Wilp war so einer. Wilp konnte vieles, und eine Zeit lang konnte er eben auch brillante Werbung. Das hatte bereits in den 50er-Jahren begonnen, mit Agenturen wie Gramm, und seither waren immer wieder verrückte Burschen aufgetaucht, die bei GGK, TEAM oder BMZ gern eine Weile mitmischen wollten. Diese Leute hatten vorher oft was anderes gemacht, und möglicherweise machten sie auch danach wieder etwas anderes. Werbung war vor allem Spaß, und es funktionierte nach dem Drogenprinzip: Kennst du das hier schon? Probier doch mal! Kommt gar nicht schlecht. Mehr als ein einträglicher Nebenverdienst, mit dem man sich seine Malerei, Bildhauerei oder Fotografie finanzieren wollte, ohne kellnern gehen zu müssen, sollte das sowieso nicht werden. Man kannte sich von der Akademie, oder man traf sich in den einschlägigen Kneipen, wo werdende, gewordene und gewesene Künstler mit Studenten und Absolventen der Fachhochschule für Grafik und Design zusammentrafen. Dort wurde gerade die erste Generation von Werbegrafikern für den neuen Markt fit gemacht.

Damals war dieses ein wenig unfertige, impulsive und improvisationsbereite kreative Düsseldorf ein Schmelztiegel der unterschiedlichsten Talente, die sich für die Männer im Nadelstreif einfach mal was Nettes ausdachten. Allesamt Brüder und Schwestern des berühmten Charles Wilp, der von der Mode kam und inzwischen irgendwo zwischen Kunst und Fotografie verschwunden ist, aber immer noch mit dem Satz zitiert wird: »Ich nehme nichts ernst, nicht mal mich selbst.« Wilp hatte schon in den nicht gerade schwerelosen 60er-Jahren mit Zeilen wie: »Sexy-mini-flower-pop-op-cola, alles steckt in Afri-Cola« für Furore gesorgt. Illustriert mit Nonnen im Zustand der Afri-Schwerelosigkeit. Ob die schrägen Jungs, die in den 70er-Jahren die Werbung für sich als ein Feld entdeckten, wo man allerlei erproben konnte, nun von Wilp inspiriert waren oder nicht – jedenfalls war Werbung damals eher noch ein Happening als ein perfekt organisierter Geschäftszweig. So waren allerlei Querverbindungen möglich. Etwa auch, dass ein Mann wie Andreas Gursky ein Praktikum bei GGK machte. Die Kombination von Kunst und Kommerz, Kreativität und Business hat sich in Düsseldorf eine Zeit lang als unschlagbar erwiesen.

Unter diesen günstigen Bedingungen wurden Männer wie Michael Schirner in der Werbeszene zu Ikonen. Schirner entwickelte nicht nur Klassiker wie den Slogan »Er läuft und läuft und läuft«, sondern von ihm stammt auch die berühmte »schreIBMaschine«. Eine Zeit lang verging kaum ein Woche, in der nicht irgendein Stadtmagazin ein Interview mit Schirner abdruckte. Stets tat er dabei sein Credo kund, das bis heute viele Werbefachleute unterschreiben: dass nämlich der Werbekunde mindestens so intelligent sei wie der Werber, der ihn für ein Produkt einzunehmen suche.

Öfter noch als Düsseldorf wird heutzutage Hamburg als wichtigster Standort der Werbebranche genannt. Aber diejenigen, die in den 80er- und 90er-Jahren nach Hamburg gingen und dort die neue Hauptstadt der Werbung mitgründeten, hatten in Düsseldorf allesamt ihr Handwerk gelernt. Oder zumindest hatten sie hier, etwas cooler ausgedrückt, ihre ersten Jobs gemacht. Konstantin Jacoby war von 1977 bis 1979 Creative Director bei GGK, bevor er sich in Hamburg Reinhard Springer anschloss. So ist »Springer & Jacoby« entstanden. Jürgen Scholz, einer der Gründer von »Scholz & Friends« in Berlin, startete seine Karriere bei TEAM, einer Agentur, die der amerikanische Werberiese BBDO in den 50er-Jahren gegründet hatte und später im Konzern aufgehen ließ.

Ein solches Schicksal blieb »Jung von Matt« bislang erspart. Aber auch der diplomierte Werbekaufmann Jean-Remy von Matt hat Düsseldorfer Wurzeln. Er arbeitete als Junior-Texter in Düsseldorf bei BMZ, bevor er 1991 zusammen mit Holger Jung seine eigene Agentur gründete.

GGK versank irgendwann in den 90er-Jahren in der

Bedeutungslosigkeit. TEAM ist in BBDO aufgegangen. Die auch nach 40 Jahren existierende BMZ wiederum verschwindet heutzutage im Internet hinter ihrem Kürzel, das sie mit dem Bundesministerium für wirtschaftliche Zusammenarbeit und Entwicklung gemein hat. Wofür es steht, ist schwer zu sagen; die BMZ-Agentur für Kommunikation GmbH & Co. KG, die ihren Sitz in der Schirmerstraße hat, verrät es nicht. Die Namen der derzeitigen Chefs verbergen sich dahinter jedenfalls nicht. Anonymer geht's kaum. Wenn man aber zwei Affen in einem tropischen Baum »Nichts ist unmööööglich – Tooooyooootaaaa« singen hört, dann weiß man wieder, was BMZ schon alles Tolles gemacht hat.

Aber vielleicht sind die kühlen Kürzel mancher Düsseldorfer Werbeagentur ja auch ein Zeichen von Bescheidenheit: Hier spielt sich keiner auf. Werbung mag ja ein verrücktes Geschäft sein – für die Düsseldorfer ist es vor allem eine Lebensart. Sich mit dem eigenen (großen) Namen selbst zu vermarkten, mit einer Kreativmarke, einem Genie-Logo gewissermaßen, das ist eher was für die Hamburger.

Hm? Ausgerechnet die schillerndste Berufsszene in der Angeber-Hauptstadt Deutschlands soll bescheiden und zurückhaltend sein?

So sieht es jedenfalls Ralf Zilligen, der, was die Werbebranche angeht, nun wirklich mit allen Wassern gewaschen ist. Und holt am Ende unseres Gesprächs zum ganz großen Schlag aus. »In keiner anderen Stadt«, stellt er fest, »entstehen so viele Ideen pro Quadratkilometer wie hier.«

Vom Lärm der neuen Zeit

**Mehr als Kraftwerk-Pop:
Wie der deutsche Punk in
Düsseldorf erfunden wurde**

Keine Atempause
Geschichte wird gemacht
Es geht voran
        Fehlfarben, »Monarchie und Alltag«, 1980

Valerie Kohlmetz weiß von vielen Leuten aus der Szene, was sie waren und wo sie geblieben sind. Jeden kennt er, aber manches ist ihm neu, und es erschreckt ihn, weil es zeigt, wie lange das alles mittlerweile schon zurückliegt. Was, Klaus Dinger ist tot? Herzversagen? Der Mann der »Neu!« mitgegründet und bei »Kraftwerk« mitgemacht hat? Und sein Bruder Thomas auch? Es sind ein paar Leute darunter, von denen man vorher gar nicht wusste, dass man etwas über sie erfahren wollte. Dass Ricky Shane mittlerweile ein Büdchen in Flingern betreibt, ist zwar eine Überraschung, aber die Neugier, ihn dort aufzusuchen, ist dann doch nicht groß genug, um sich auf den Weg zur Endstation der Träume zu machen. Valerie Kohlmetz war viele Jahre der Schlagzeuger einer aus drei Männern mit sehr kurzen Haaren bestehenden Jazzband namens »Härte 10«. Der Jazz war einmal sehr wichtig in der Musikszene Düsseldorfs, es gab mit dem »Down Town« einen legendären Versammlungsort, und Größen wie Doldinger begannen hier ihre Weltkarriere. Aber die Jazzszene war letztlich klein und überschaubar, wie alle Szenen hier. Letztlich kennt jeder jeden, gerade unter Musikern, und dann schnurrt die große Welt von »Kraftwerk«, »Neu« (später: »La Düsseldorf«), »Toten Hosen«, »Deutsch Amerikanische Freundschaft« und »Fehlfarben« ganz schnell wieder auf die handliche Dimension des sprichwörtlichen Dorfs zusammen. Beziehungsweise auf die Ausmaße einer länglichen Kneipe mit großen Frontscheiben und spärlicher Inneneinrichtung, »Ratinger Hof« genannt.

Das Düsseldorfer Rädchen im großen Getriebe der Popwelt zu charakterisieren, ist nicht ganz leicht. Schon die führende Stadtillustrierte »Überblick« musste 1978 feststellen: »Eine Musikszene à la Hamburg, München, Frankfurt gibt es in Düsseldorf zugegebenermaßen nicht.« Dieser Satz muss wehgetan haben – das »zugegebenermaßen« kann als Indikator dafür angesehen werden, welche Überwindung die trostlose Feststellung den Autor gekostet haben wird.

Er mag recht gehabt haben, allerdings nur im Hinblick auf »die herrschende Rock- und Popavantgarde«, wie Jürgen Engler und Xao Seffcheque in einem Aufsatz für das große Düsseldorf-Buch 1984/85 formulierten, nicht aber auf die Nischen der Popmusik. Dort witterten die beiden Popexperten in Düsseldorf durchaus Morgenluft.

Bis heute ist »Kraftwerk« das Maß aller Dinge, wenn es um den Pop im Allgemeinen und die elektronische Popmusik im Besonderen geht. Es ist eigentlich egal, ob die Band weiterhin an neuen Klangstrukturen arbeitet oder bisweilen sogar Platten herausgibt – der Mythos um Florian Schneider-Esleben und Ralf Hütter, die »Kraftwerk« 1970 gegründet haben, ist erstaunlich lebendig und praktisch unzerstörbar. Auch wenn Schneider-Esleben Anfang 2009 in Rente gegangen ist und »Kraftwerk« nunmehr allein aus Ralf Hütter besteht. Diese Band hat Düsseldorf als Musikstandort berühmt gemacht. Bis zum Abgang von Schneider-Esleben arbeiteten die beiden mit wechselnder Co-Besetzung immer noch in jenem Studio, in dem sie vor ziemlich genau 40 Jahren angefangen hatten. Dem sentimentalen Pop-Tourismus ist damit Tür und Tor geöffnet. Nur leider ist der Mythos nicht zu besichtigen. Die Kling-Klang-Studios liegen im Hinterhof eines in Schmuddelgelb gefliesten 50er-Jahre-Baus an der Mintropstraße 16. Einer dunkelgrauen Straße, auf der sich Table-Dance-Läden, Pornogeschäfte und kleine Spielsalons aneinanderreihen.

Diese Straße ist von derart unspektakulärer, nüchterner Tristesse, dass sie schon wieder geheimnisvoll wirkt, ja sogar Glamour zu verbreiten scheint. Aber Schneider-Esleben und Hütter sind in Düsseldorf praktisch unsichtbar. Sie geben keine Interviews, was das Geheimnis um ihre Existenz naturgemäß weiter nährt. Der Journalist Hans Hoff hat einmal festgestellt, mit der Bemerkung, aus Düsseldorf zu kommen, könne man, wenn die Adressaten etwas von elektronischer Musik verstehen, richtig Eindruck schinden. Wer aber behaupte, beim Einkaufen an der Supermarktkasse neben Ralf Hütter gestanden zu haben, würde sich sofort für alle Zeit lächerlich machen – denn jeder wüsste, dass die beiden letzten Kraftwerkler nichts sosehr meiden wie die Öffentlichkeit. Ein anderer Journalist, Dirk Peitz, hat sich für die *Süddeutsche Zeitung* einmal einen ganzen Tag in dem Café auf der gegenüberliegenden Seite von Hausnummer 16 auf die Lauer gelegt. Aber die große Stahltür blieb verschlossen. Wahrscheinlich war er einfach zu spät dran. Die beiden sollen ungewöhnliche Geschäftszeiten bevorzugt haben. Peitz nutzte die reichlich überschüssige Zeit, um über die Musik nachzudenken, die »Kraftwerk« bekannt gemacht hat. Vermutlich kann man das nirgends so gut wie in der Mintropstraße, denn tagsüber herrscht hier ein kongenialer Minimalismus, der einen vor jeder Art von Ablenkung bewahrt. Wer wenigstens wissen will, wie es auf dem Innenhof aussieht, kann das bei YouTube unter dem Begriff »Kling-Klang-Studio« erledigen. Viel schlauer ist er danach allerdings nicht. Zumindest weiß man dann, dass echtes Fan-Sein zu vollkommen sinnlosen Minivideos inspirieren kann.

Auf Tournee war diese seltsame Band zuletzt 2008 – ohne Schneider-Esleben, der war da schon zu Hause geblieben. Für Düsseldorfer Musiker ist »Kraftwerk« trotzdem weiter präsent wie eh und je. Kohlmetz hat unlängst im Kling-Klang geprobt. »Klar geht Hütter noch ins Kling-Klang-Studio. Aber keine Ahnung, was der da genau macht.« Und das Studio? »Das ist ziemlich leer, stehen nur ein paar Synthies und die Roboter von der Roboter-Tournee rum. Da ist noch nie viel gewesen.«

Wenn die beiden in den vergangenen Jahren etwas produziert haben, verstanden sie sich allerdings hervorragend darauf, aus sehr wenig sehr viel zu machen. Es heißt, der aus drei Tönen bestehende Jingle der Weltausstellung

Expo 2000 in Hannover hätte ihnen 250 000 Mark eingebracht. Und der Expo eine Menge Kritik, wegen der Höhe des Honorars.

Düsseldorfs Musikszene zehrt von der Geschichte. Leider steht auch der zweite wichtige Schauplatz dieser Geschichte nicht für Besichtigungen zur Verfügung: Der »Ratinger Hof« ist verschwunden. Seit 1976 war es in der niedrigen, schlauchartigen Halle mit einer kleinen Ausschanktheke links am Eingang ziemlich oft ziemlich hoch hergegangen. Die von England nach Deutschland herüberschwappende Punkbewegung errichtete hier ihren ersten und wichtigsten Brückenkopf. Auch eine Kneipe namens »Okie Dokie«, ein paar Ecken weiter in Neuss gelegen, wurde zu einem wichtigen Versammlungsort.

Die erste Adresse war in den 70er-Jahren jedoch der »Ratinger Hof«. Als Student habe ich dort unzählige Mittwoch-, Freitag- und Samstagabende verbracht. Es fiel natürlich eher unter Alternativ-Tourismus, die Irokesen-Haube trugen andere. Zum Beispiel die süße Bedienung, die Andrea oder Gabi hieß und die man nach dem siebten Alt gefragt hatte, ob man ihre Igel-Mähne mal anfassen durfte. (Man durfte, und das war ein großer Moment.) Im Hof konnte man auch so richtig eins auf die Nase bekommen, wenn man beim Pogo die Freundin eines ganz unpunkigen Kerls zu sehr geschubst hatte. Aber Anfang bis Mitte der 80er-Jahre waren die Schlachten der neuen Szene bereits geschlagen. Natürlich gab es ein paar Bands, die die Gründungsphase überstanden hatten und deren Namen nun wie ein Düsseldorf-lebe-hoch-Gebet heruntergeleiert wurden: »Family 5«, »DAF«, »Östro 430«, »Toten Hosen«, »Der Plan«, »Fehlfarben«, »Asmodi Bizarr«, »Die Krupps«. Aber die Zeiten waren damals mindestens so schnell wie die in Düsseldorf gespielte Musik, und neben den großen Namen gab es auch viele kleine, die schnell wieder vom Fenster weg waren.

Jaja, die große Zeit der Düsseldorfer Kleinen. So nannten das Jürgen Engler und Xao Seffcheque, den alle Welt gern zu Xaver Scheckheft verballhornte. Gemeint waren damit die Minilabels, die damals wie Pilze aus dem harten Betonboden des »Ratinger Hofs« schossen. Aber das bringt uns endlich wieder zum Kern der Frage zurück: Wie hing das alles mit dem »Ratinger Hof« zusammen? Wie konnte es passieren, dass Bands plötzlich »Mutterfunk«, »Aram und die Schaffner«, »Freunde der Nacht«, »Mittagspause«, »Strafe für Rebellion« oder »Zentralkomitee« hießen? Und Songs sangen wie »Punk macht dicken Arsch« oder »Der lange Weg nach Derendorf«? Richtig, es wurde fast ausnahmslos deutsch gesungen oder geschrien. Die Sprache der Hitparaden-Schnulze, die Sprache eines Michael Holm oder Rex Gildo war in der deutschen Undergroundszene angekommen, und wie. Sehr laut, sehr deutlich und sehr lustig.

Die Protagonisten dieses ersten deutschen Punk wollten verstanden werden. Sie wollten sich sprachlich nicht ausgrenzen, sondern beim Schreien verstanden werden. Mit anderen Worten: Sie wollten ihr Publikum vor den Kopf stoßen, aber es sollte auch etwas in den Kopf hineingelangen. Der musikalische Punk Düsseldorfer Provenienz war zwar trotzdem Lärm, aber ein Lärm, der sich mitteilte. Vermittelnd, integrativer, verbindlicher oder knapp gesagt: rheinischer als anderswo und damit eigentlich halb so wild. Bei den »Toten Hosen« wurde daraus ein fröhlicher Spaßpunk. Der kritischen Grundhaltung zum Trotz mischte sich letzten Endes eine rheinische Leichtfertigkeit in die

Verweigerungshaltung der Mittelschichtkinder. Und auch persönlich gaben sie sich weit weniger politisch korrekt, als man angesichts ihrer Songs hätte glauben können. Peter Hein, Sänger und Texter zunächst von »Mittagspause«, später den grandiosen »Fehlfarben« und noch später von »Family 5«, antwortete in einem Interview auf die Frage: Wie radikal bist du im Politischen? »Salonradikal. Oder noch nicht mal das, ich bin der Meinung, dass eine solche Welt die bessere wäre, aber solange es das nicht hat, geh ich auch gern mal zum Fußball und schau mir Autorennen an. Ist eh eigentlich wichtiger...« Immerhin ist das der O-Ton eines Mannes, der mit seiner Band »Fehlfarben« das wahrscheinlich beste Album dieses Zeitalters herausbrachte, nämlich »Monarchie und Alltag«.

Vielleicht hatten diese Revolutionäre, die auch schon mal etwas hysterisch in die Nähe der RAF gerückt wurden, mehr mit Dadaisten als mit Terroristen gemeinsam. Ein unverkrampfter, undogmatischer, verspielter, unrassistischer Spaß. Weg mit den Zwängen des Könnens und der Hochkultur! Alle machen mit, alle springen sich an, alle bespritzen sich mit Bier. Die Barrieren fallen. Pogo.

Mit Leuten wie Peter Hein fing das alles an. Oder mit Andreas Frege, der bis zu seinem Abitur bei seinen Eltern in Mettmann-Metzkausen wohnte und 20 Jahre später mit den »Toten Hosen« beim Düsseldorfer Rosenmontagszug auf einem eigenen Motivwagen mitfuhr. Ist das etwa nicht der Gipfel der Angepasstheit? Aber in Düsseldorf kommt so was anders rüber. Alles halb so schlimm. Da hatte die Band längst mehr als zehn Millionen Tonträger verkauft. Hein (»Janie J. Jones«) oder Frege (»Campino«) – diese Namen sind aus der Geschichte des deutschen Punk nicht mehr wegzudenken. Dabei war Hein 1976 als Auszubildender mit 18 oder 19 Jahren eigentlich bloß auf der Suche nach einem Ort, wo er in Ruhe und unter Gleichgesinnten seine musikalische Ausbildung absolvieren konnte. Den »Ratinger Hof« hatte er sich ausgesucht, weil er leerer und heller war als die üblichen Altstadtspelunken, große Spiegel, kahle Verputzwände, spärliches Mobiliar. Außerdem konnte man dort ungestört Billard spielen. Der Rest der Geschichte handelt von dem Initiationserlebnis, das eine Handvoll Vinylsingles aus London seinerzeit bedeuteten. Und von der Genese eines Outfits, bei dem man sicher sein konnte, dass man von denen, die nicht dazugehörten, in Ruhe gelassen würde. Die hatten vermutlich Angst, sich an den Haarspraystacheln zu verletzen.

Zeit, aus Peter Heins biografischen Notizen zu zitieren, die sich in »Peter Hein, die Songtexte 1979 bis 2009« finden. Obwohl Hein es anscheinend gründlich satthat, in jedem halbgelehrten Artikel über irgendwelche Düsseldorfer Musiker zu lesen, sie hätten im »Ratinger Hof« ihre Wurzeln gehabt, war dieser doch auch für ihn die unumstrittene Zentrale, von der aus die ganze Chose ihren Anfang nahm:

»Und das alles spielte sich plötzlich und fast über Nacht im eigentlich völlig überrumpelten Hof ab. Den Monroe kennenlernen, einen Saft oder Kaffee im Hof trinken gehen (Alkohol pfui!), eine Band gründen, grad gekaufte Platten anhören; der Typ an der Theke sieht seltsam aus und will die Platten haben für abends, da legt er hier auf: Markus Oehlen. Man trifft sich, kauft noch mehr Platten, macht Bilder oder Fanzines zusammen, probt. Zentrale immer der Hof. Adresse fast. Alles wohlgemerkt tagsüber, um vier direkt nach der Arbeit oder samstags morgens.«

Sind das etwa keine Überraschungen? Tagsüber? Und

haben wir das wirklich richtig verstanden: Alkohol pfui!? Musik war alles, hat Hein auch mal über diese Zeit gesagt. Nicht Kampf, Revolution, Terror. Und weiter:

»Erst später (…) ging mir auf, dass das eigentlich die Fortsetzung der Kaffeehauskultur mit anderen Mitteln war. Wir haben ja selbst so gut wie nichts konsumiert in dem Laden, aber dafür unseren gesamten Lebensmittelpunkt dorthin verlegt, gearbeitet, gewohnt (einige bestimmt), unsere Post dorthin bekommen, Besuche empfangen. Aber im Unterschied zur alpenländischen Version war unsere beherrscht vom Lärm der neuen Zeit, immer und überall Musik.«

Kaffeehauskultur? Lebensmittelpunkt? Alpenland?

Hier spricht kein Ausgegrenzter. Kein Straßenkind, das mit weißer Ratte auf der Schulter einem harten Leben entgegendrogt. Sondern ein musikalischer Künstler, der aus Lärm das Beste machen wollte, nämlich neuen Lärm, immer wieder neue Musik! Und deshalb war die Nähe zur Kunst, wie Hein freimütig zugibt, für die Bands aus dem »Ratinger Hof« eine entscheidende Sache. Deshalb war es wichtig, dass der Hof zwischen »Uel« und »Einhorn« lag, nur ein paar Meter von der Kunstakademie entfernt. Enger als damals in Düsseldorf waren Kunst- und Lärmwelt vielleicht nie wieder verzahnt. Ein letztes Mal Hein, weil man es besser gar nicht sagen kann: »Dieses Nebeneinander von Rock'n'Roll, Pogo und Kunst war wohl wirklich einmalig, nicht nur in NRW.«

So entwickelten sich aus den ersten Punkbands wie »Charley's Girls«, »Male« und »ZK« rasch andere: »Charley's Girls« verwandelten sich erst in »Mittagspause« und dann in »Fehlfarben«. Aus »ZK« mit dem jungen Campino, der sich damals mit Bier und lautem Schreien auf der Bühne die Stimmbänder ruinierte, wurden die »Toten Hosen«. Weitere Nachkommen der damaligen Pionierbands sind »Die Krupps«, die »Deutsch Amerikanische Freundschaft«, »Family 5«, »Der Plan« und später so irrwitzige Ein-Mann-Projekte wie »Pyrolator«. Peter Hein würde das vielleicht als Fortsetzung des Lärms mit anderen Mitteln bezeichnen.

Ausgangspunkt waren stets der Hof und die kleinen Labels, die in seinem Umfeld entstanden. Diese produzierten Platten für Bands, die von den großen Plattenfirmen ignoriert worden wären. Wenn 1000 Stück verkauft wurden, war das ein Erfolg. Wenn nicht, ging die Welt davon auch nicht unter. Für den Untergang der Düsseldorfer Independent-Szene hat eigentlich erst die Neue Deutsche Welle gesorgt. Für viele war sie Fortentwicklung, Endpunkt und Todesstoß in einem. Was von 1976 an in einem kurzen, explosionsartigen Energiestoß von der Ratinger Straße Nummer 10 aus seinen Weg in die Welt genommen hatte, war nun in den Charts angekommen. Die Hits von »Fehlfarben« (»Ein Jahr [Es geht voran]«) oder »DAF« (»Tanz den Mussolini«) brachten die großen Labels auch in diesem neuen Segment ins Spiel, was dazu führte, dass die Talente abwanderten und die kleinen Plattenfirmen verkümmerten. Die Hosen hatten derweil längst ihr eigenes »Totenkopf«-Label gegründet, um sich bei der Vermarktung, vor allem auch der florierenden Tourneen, nicht fremdbestimmen zu lassen. Mitte der 90er-Jahre ging daraus Jochens Kleine Plattenfirma (JKP) hervor. Eine typisch selbstironische Geste von »Toten-Hosen«-Manager Jochen Hülder, der missliebigen Kritikern auch schon mal die Pressekarten verweigert, wenn ihm deren Nörgelei zu sehr auf die Nerven geht. Souverän ist das nicht, aber vielleicht lag es auch nur daran, dass es dabei um den Popmusikkritiker der größten Düsseldorfer Zeitung ging. Muss es sich denn wirklich immer wieder bewahrheiten, dass der Prophet im eigenen Land nichts gilt? Wo ihm doch umgekehrt das eigene Land besonders viel gilt? Vielleicht tut miese Kritik aus der eigenen Stadt einfach besonders weh.

Auch abgesehen von ihrem berühmten »Altbierlied« ist auffällig, ja geradezu rührend, wie eng die Profitprofis »Toten Hosen« oder ein Texter wie Peter Hein der Stadt immer verbunden geblieben sind. Das Hosen-Büro ist zwar nicht mehr politisch korrekt im Arbeiterviertel Flingern, sondern im Medienhafen eingerichtet, in einem schicken Bürogebäude mit Industrial Flair. Aber die Zentrale ist immerhin nach wie vor in Düsseldorf! Hartnäckig hält sich das Gerücht, die Hosen hätten längst ein gemeinsames Grabmal gekauft und sich zusammen ein Plätzchen für die Ewigkeit gesichert, einschließlich ihres zum smarten Geschäftsmann aufgestiegenen Managers.

Peter Hein wiederum hat, bevor er mit »Knietief im Dispo« zu »Fehlfarben« zurückkehrte, mindestens vier Songs für »Family 5« geschrieben, mit denen er den Eindruck erweckte, die einzige wahre Liebe seines Lebens sei Fortuna Düsseldorf.

Newcomern aber fehlte durch das Verschwinden von Labels wie »Schallmauer-Records« die künstlerische Plattform, wie Düsseldorf und der kleinen Szene irgendwann die Bühne »Ratinger Hof« fehlte. Der wurde 1989 abgerissen. An seiner Stelle steht seit 1993 die Diskothek »Stone«. Sie ist das genaue Gegenteil. Nagelneu, eine Rockhöhle, schwarz und dunkel, spiegellos. Hier taucht man unter. Im »Hof« tauchten die Leute auf.

Immer Ärger mit Harry

**Düsseldorf und sein
großer Dichter Heinrich Heine**

»*Die Stadt Düsseldorf ist sehr schön ... und es ist mir
als müßte ich gleich nach Hause gehen. Und wenn ich
sage nach Hause gehen, so meine ich die Bolkerstraße
und das Haus worin ich geboren bin.*«

Heinrich Heine

Irgendwann haben die Düsseldorfer ihren Frieden mit
Heinrich Heine gemacht. Aber es hat lange gedauert.
Und es ist traurig, dass man es überhaupt erwähnen muss,
denn welcher Dichter gereichte einer modernen, demo-
kratischen Gesellschaft mehr zur Ehre als Heinrich Heine?
Sicher, Heine war ein nicht nur scharfer, sondern auch
böser Spötter und ein unerbittlicher Kritiker. Er war un-
bequem, und den falschen Frieden, in dem es sich die
Reichen, Etablierten und Selbstzufriedenen bequem gemacht haben, hat er immer wieder gestört. 1982 stellte
Marcel Reich-Ranicki in der *Frankfurter Allgemeinen Zei-*

tung fest, Heines Werk sei geblieben, »was es schon zu seinen Lebzeiten war: eine Zumutung«.

Reich-Ranicki wollte dieses Wort nicht negativ verstanden wissen. Der Anlass seiner Äußerung wirft indes kein gutes Licht auf Düsseldorf. Sicher, in Düsseldorf sind Straßen nach Heine benannt, es gibt ein Denkmal vor der Universitätsbibliothek, literarische Rundgänge und ehrenwerte Institute, die seinen Namen tragen. Aber mit der Umbenennung der Düsseldorfer Universität in »Heinrich-Heine-Universität« hat man sich mehr als schwergetan.

Am 10. Februar 1982 entschied der Satzungskonvent der Universität mit 44 zu 41 Stimmen gegen eine solche Umbenennung. Heine als Namensgeber war der Mehrheit des Konvents nicht gut genug. Die Gegner der Initiative wiesen unter anderem darauf hin, dass Heine promovierter Jurist gewesen sei, es aber eine juristische Fakultät an der Universität gar nicht gebe. Das war zu jenem Zeitpunkt tatsächlich so.

Mit dieser nach vierstündiger Diskussion getroffenen Entscheidung erwies die Universität sich selbst und auch der Stadt, deren Namen sie trug, einen Bärendienst. Das Presseecho war verheerend. Vor allem der örtliche AStA sowie eine einschlägige Bürgerinitiative hatten sich seit Langem darum bemüht, dass Düsseldorfs 1965 aus einer medizinischen Akademie hervorgegangene Universität nach Heine benannt werden sollte. Unter diese Bemühungen war nun ein radikaler Schlussstrich gezogen worden. Das warf Reich-Ranicki zufolge eine ganz neue Frage auf: Ging es denn wirklich darum, ob Heine verdient habe, dass sein Name diese Universität zieren dürfe? »Man muss die Frage umgekehrt stellen: Hat es die Düsseldorfer Universität überhaupt verdient, sich mit dem Namen Heines zu schmücken?« Der Literaturkritiker hatte darauf eine deutliche Antwort: »Sie ist es nicht wert, nach Heine benannt zu werden.«

Die Mehrheit des universitären Konvents hatte es geschafft, aus einer großen Ehre, die der Stadt als Heines Geburtsort und als Schauplatz seiner Kindheit und Jugend zweifellos zuteil geworden ist, eine nachhaltige Blamage zu machen. Für die nächsten sechs Jahre war die Düsseldorfer Universität nur noch die »Nicht-Heine-Uni«. Mit der Posse um die Namensgebung schien seine Geburtsstadt einen berühmten Vers des Dichters selbst bauerntrampelhaft bestätigen zu wollen:

Wenn ich sterbe, wird die Zunge
Ausgeschnitten meiner Leiche;
Denn sie fürchten, redend käm ich
Wieder aus dem Schattenreiche.

Dabei war Heine seiner Vaterstadt bis zu seinem Tode stets innig verbunden geblieben. Als Indiz dafür gelten nicht zuletzt die vielen Stellen in seinem Werk, wo Heine der Stadt »ein weltliterarisches Denkmal mit großer Stadtplangenauigkeit gesetzt hat«, wie der Leiter des Heinrich-Heine-Instituts Joseph A. Kruse einmal feststellte. Heine war ganz und gar ein Kind der Altstadt. Am 13. Dezember 1797 in der Bolkerstraße geboren, spielte er als kleiner Junge auf Markt- und Burgplatz. An der Ecke Citadellstraße/Schulstraße befand sich das Lyzeum, das er sieben Jahre lang Tag für Tag besucht hat. Ganz in der Nähe verabredete er sich mit seiner ersten Liebe, der Tochter eines Scharfrichters. Und rührenderweise war seine Pseudonym »Sy Freudhold Riesenharf« ein Anagramm von »Harry Heine Düsseldorf«.

Zugegeben, Heine hat Düsseldorf schon bald den Rücken gekehrt. Mit 18 Jahren ging er zunächst nach Frankfurt ins Bankgeschäft, was allerdings ein kurzes Intermezzo blieb, ebenso wie das Tuchgeschäft Harry Heine & Co in Hamburg. Studiert hat der Dichter dann in Bonn, Göttingen und Berlin. Düsseldorf war also nur der Ausgangspunkt seiner Lehr- und Wanderjahre – und doch für Heine gewiss mehr als eine Station unter vielen. Auch in Düsseldorf gab es durchaus Leute, die das erkannt hatten, schon vor und während des Gezanks um die Universitätsbenennung. Bald nach Gründung der Universität war beispielsweise das renommierte Heine-Institut eingerichtet worden. Das war ein ebenso vorbildlicher Akt wie die Herausgabe der kritischen Düsseldorfer Heinrich-Heine-Gesamtausgabe unter der Leitung von Manfred Windfuhr. Mit der Gründung der Heinrich-Heine-Gesellschaft 1956 am 100. Todestag des Dichters hatte das intellektuelle Düsseldorf sich vor seinem größten Sohn tief verneigt. Und nach jahrzehntelangem Hin und Her war 1981 endlich auch ein angemessenes Denkmal für den Dichter aufgestellt worden, das Heine-Monument am Schwanenspiegel. Bert Gerresheim hat sich dabei von der zerbrochenen Totenmaske des 1856 bettelarm in einer Pariser Matratzengruft gestorbenen Dichters inspirieren lassen.

Da glich es schon einem Kunststück, all das Gute mit einer einzigen Abstimmung im Hintergrund verschwinden zu lassen. Aber genau das brachte der Düsseldorfer Universitäts-Konvent zustande. Reich-Ranicki sah dadurch sogar das Ansehen der Bundesrepublik Deutschland beschädigt. Andere Journalisten mutmaßten, das Ausland würde darin ein Wiederaufleben antijüdischen Ressentiments sehen. Die Diskussion wollte einfach kein Ende nehmen, und so musste im Dezember 1988 schließlich erneut abgestimmt werden. Dies trug der Universität schließlich doch noch Heines Namen ein. Es entbehrt nicht einer gewissen bitteren Komik, dass dieses späte Ja das vorangegangene Nein nicht gänzlich vergessen machen konnte. Mit dem Namen der Universität ist die Erinnerung an die Geschichte der Namensgebung seither untrennbar verbunden – was unerfreulich ist, sollte man doch lieber an Heines Werk denken.

Die vor der Universitätbibliothek aufgestellte Heine-Statue, lebensgroß und auf Augenhöhe mit den Studierenden, sieht nicht aus, als wäre der sinnierende Dichter darüber sonderlich erbost. Vielleicht hätte es einem Streiter für freien Geist und freie Worte wie ihm sogar gefallen, dass es Leute gab, die sich die Freiheit genommen haben, seinen Namen abzulehnen. Auf jeden Fall hätte er dem Hohn, den Düsseldorf dafür reichlich geerntet hat, noch einigen zielsicheren und treffenden Spott hinzufügen können. Wenn es ihm denn wichtig genug gewesen wäre.

Neusser Kombinationen

Kultur und Natur im unterschätzten Hinterland

Von vielen deutschen Städten lässt sich behaupten, das Schönste an ihnen sei die Landschaft, die sie umgibt. Für Düsseldorf gilt das nicht. Leverkusen, Duisburg, Solingen, Wuppertal und Neuss lassen sich nun wirklich nicht als ansehnlich oder attraktiv bezeichnen. Es sind eben typische deutsche Städte. Zumal NRW-Städte, die ja in der Regel nicht gerade von italienischen Baumeistern entworfen wurden. Aber das ist wohl der Preis, den Düsseldorf mit seinen siebzehn Millionen NRW-Landeskindern für den Ruhm als Schreibtisch des Ruhrgebiets zahlen muss. Aus Düsseldorf rausfahren, heißt nicht automatisch, in die Natur fahren. Obgleich auch das wunderbar geht: siehe im Kapitel »Immer am Wasser entlang«. Nein, aus Düsseldorf rausfahren, heißt gewöhnlich, in eine andere Stadt reinfahren, und zwar rasch. Düsseldorf und Duisburg gehen an ihren dörflichen Rändern ineinander über. Auch zwischen Düsseldorf und Leverkusen liegen keine Wiesen, sondern ziemlich große Kommunen wie Hilden, Langenfeld oder Monheim, die irgendwann anfangen, Leverkusen zu heißen. Und um nach Wuppertal zu kommen, braucht man den städtischen Siedlungsraum auch nicht zu verlassen, sondern kann über Solingen fahren. Kurz, die Gegend rund um Düsseldorf ist einer der am dichtesten besiedelten Landstriche der Welt – und das merkt man auch, wenn man ein Fleckchen unberührter Natur sucht.

An einem Sonntagnachmittag im Grafenberger Wald, so ziemlich dem einzigen hügeligen Gebiet dieser Stadt, einsame Waldspaziergänge unternehmen zu können, ist entsprechend illusorisch. Auf der Suche nach Seelenfrieden wird sich der Düsseldorfer vielmehr in einer langen Schlange Gleichgesinnter wiederfinden – wie ein Fußballfan vor dem WM-Stadion. Man muss beim Lustwandeln verdammt aufpassen, dem Vordermann nicht in die Hacken zu treten. Woanders ist es allerdings nicht unbedingt besser. Wer sich in Domburg an der holländischen Nordseeküste einmietet, muss auch damit rechnen, im Strandcafé jede Menge anderer Düsseldorfer zu treffen, die ihn fröhlich willkommen heißen.

Also warum in die Ferne schweifen, wenn das Gute doch so nahe liegt? Näher als Domburg, ja sogar näher als Duisburg, Wuppertal, Leverkusen oder Essen liegen nämlich Gräfrath, Schloss Burg, Monheim, Zons. Oder, auf eigenem Stadtgebiet verharrend: Kaiserswerth, Himmelgeist, Museumsinsel Hombroich, Raketenstation und Kloster Sinsteden. Ich möchte mich auf die drei Letztgenannten konzentrieren. In mehr oder wenig stark ausgeprägter Form haben sie nämlich alle eine Kombination von Kunst (respektive Technik) und Natur zu bieten, was in der eher landschaftsfreien Zone, in der sie sich befinden, ein großes Plus ist. Sie liegen nämlich alle im einerseits so fernen, so gar nicht düsseldorferisch anmutenden, andererseits so nahe liegenden Kreis Neuss.

Im Falle der wirklich einzigartigen Verbindung von Naturschönheit und Kunsterlebnis auf der Insel Hombroich hat Düsseldorf gewissermaßen das Gute vereinnahmt und das Schlechte ignoriert, denn von niederrheinischem Provinzialismus, von Engstirnigkeit oder gar Schützenfest-Seligkeit ist hier nichts zu spüren. Die Insel Hombroich gehört zum Ortsteil Holzheim, der wiederum einen Teil der Stadt Neuss darstellt, über die auch noch ein paar Worte zu verlieren sein werden. Die Fahrtzeit zu dem Landschaftsschutzgebiet beträgt vom Düsseldorfer Zentrum aus bei günstigen Stauzeiten höchstens dreißig Minuten. Da verschwimmen die Stadtgrenzen schon mal zugunsten der Landeshauptstadt, die ja ohnehin für sich beanspruchen darf, eine Stadt der modernen Kunst zu sein. In Hombroich leben und arbeiten nämlich Künstler wie Anatol oder Gotthard Graubner, und das mitten im Naturschutzgebiet, in wunderschön wild wuchernder Auenlandschaft mit hoch stehenden Wiesen. Clevere Kulturmanager haben sie hier angesiedelt, auf einer Museumsinsel, wo sich Kultur und Natur zu einem Kunstraum verbunden haben. Ist Hombroich also eine Art Kultur-Zoo mit lebenden Künstlern? Nein, das sicher nicht. Warum nicht, ist schwer zu sagen. Es ist wohl eines der großen Geheimnisse des Ortes.

»Na Kinder?«, fragt der Mann mit der runden Strickmütze auf dem Kopf, unter der widerspenstig sein weißes Haar hervorlugt. »Wisst ihr denn, warum der Fisch so ein wichtiges Symbol für die Christen ist?« Der Mann trägt eine blaue Arbeitsmontur und sieht eigentlich gar nicht aus wie ein richtiger Künstler, zumindest nicht so, wie man sich einen berühmten Künstler vorstellen würde. Seine Werkstatt, eine flache, lang gezogene Baracke, ist vollgestopft mit Regalen und Arbeitstischen. Mit einem rotweißen Signalband hat er seinen Arbeitsbereich zum Schutz vor allzu neugierigen Besuchern abgesperrt. In Anatols Arbeitshäuschen stehen mannshohe Gebilde aus Eisen herum, die entweder nach einer geheimen Ordnung oder dem Prinzip individueller Chaosbewältigung angeordnet scheinen. In geometrischen oder phantastischen Formen sind hier Tiere oder Fabelwesen entstanden. Auf hohe Stangen hat der Künstler immer wieder Fische gepflanzt, die wirken wie geheimnisvolle Boten. Aber ihre Botschaft ist ganz einfach, wie sogleich erklärt wird.

Anatol, der gerade noch so schweigsam seinen Geschäften nachgegangen ist, hält jetzt nämlich eine spontane Predigt über einen Jesus Christus, der niemanden ausgrenzt und alle Menschen liebt. Egal, welche Gesinnung oder Hautfarbe sie haben. Ein Christus, der vor allem die Freiheit eines jeden Menschen gepriesen hat, sein Leben so zu leben, dass es ihn glücklich macht – ohne dabei die Freiheit eines anderen einzuschränken oder sie ihm gar zu nehmen. Rasch haben sich unter dem dunklen Blätterdach der großen Bäume 50 bis 60 Menschen zusammengefunden, die belustigt, irritiert und aufmerksam dem beseelten Vortrag des Künstlers lauschen.

Dass der Künstler diese Rolle so bereitwillig übernimmt, hat etwas mit seiner künstlerischen Vision zu tun, die er gern und in einem etwas drollig anmutenden rheinischen Singsang wie ein Märchenonkel unters Volk bringt.

Aber es hat bestimmt auch mit diesem einzigartigen Ort zu tun. Inmitten dieser verwunschenen Auenlandschaft, wo der einzige Lärm von unermüdlich quakenden Fröschen stammt, wirken die Werke der Künstler nicht wie etwas Fremdartiges und Gegensätzliches, sondern scheinen mit ihrer Umwelt zu harmonieren, ohne dass sie dabei ihren Charakter und ihre Einzigartigkeit verlieren würden. Anatols Wächter und Hüter, oder was die Stahlhünen auch immer darstellen sollen, tauchen zwischen verschlungenen Seen, zugewachsenen Teichen und Wiesen mit meterhohem Gras auf wie aus einem Hinterhalt. 15 weitere Pavillons liegen über das weitläufige, vielgestaltige Gelände verstreut. In diesem von meterhohen Hecken umschlossenen Labyrinth kommt Jahrtausende alte Volkskunst aus Asien mit den mattpastösen Farbleibern eines Graubner zusammen.

Was einen im Einzelnen anspricht und was nicht, ist letztlich nicht von Bedeutung in diesem Landschaftspark, bei dem man von der Sekunde des Eintretens an vergisst, wie durchstrukturiert das Gelände in Wirklichkeit ist. Es ist ein archaisch-modernes Welttheater, das einen hier umfängt und staunend umherspazieren lässt. Übrigens oft genug ein wenig orientierungslos. Aber das macht nichts. Auf Hombroich hat man das Recht, den Überblick zu verlieren und vielleicht gerade dadurch wieder ein bisschen zu sich selbst zu finden. Allein deshalb sollte man einen ganzen Tag für den Besuch einplanen.

Und weil die »Raketenstation« nur wenige hundert Meter entfernt liegt. Auch hier findet sich eine ungewöhnliche Kombination von Kunst und realer Welt. Hier waren nämlich früher aufwendig bewachte Pershing-II-Raketen stationiert, die im Ernstfall Richtung Osten geflogen wären. In dieser Kulisse wird heute Kunst ausgestellt. Beides steht für sich, die Raketenstation einerseits, die Kunst andererseits, aber – und das ist das Verblüffende daran – irgendwann lässt sich nicht mehr zweifelsfrei zuordnen, was von beidem für welche Weltordnung geschaffen wurde.

Ob der Künstler oder der Militärarchitekt am Werk war, ist bei Hombroich tatsächlich manchmal nicht mehr zu entscheiden. Ist der fast 50 Meter lange Erdschlauch mit den fensterlosen, weißgetünchten Wänden, wo Kunstwerke aufgereiht liegen, nun ein Neubau, der eigens für eine ausgefallene Präsentation der Kunstwerke gebaut wurde, oder ein älteres Militärdepot? Je länger man in der Hügelanlage herumspaziert, desto mehr verwischen die Grenzen dieser beiden Welten. Nichts passt zusammen, und gerade deshalb entsteht der Eindruck eines surrealen Architekturarsenals. Auf den begrünten Scheiteln der Bunker, die die Station wie mittelalterliche Wälle umgeben, hocken Zeichenkursteilnehmer mit Blöcken und Grafitstiften und haben vermutlich auch keine Ahnung, was sie da eigentlich gerade abbilden: einen Wachturm oder vielleicht doch eine Installation.

Ein gewaltiges Gebäude an der Stirnseite der Anlage stellt gewissermaßen den Höhepunkt dieser Art von Wirklichkeitsverlust dar: Was zunächst wie ein ungeheures Weltraumteleskop anmutet, eine strahlend weiße Ruine, von der man denken könnte, die Militärs hätten sie hier auf dem höchsten Punkt zurückgelassen, entpuppt sich als ein im Bau befindliches Studio für Musiker und Komponisten.

Selbst bei den Wohngebäuden der hier lebenden Künstler ist man sich nicht ganz sicher, ob sie nicht ursprünglich für andere Zwecke vorgesehen waren. Am ehemaligen Wachhäuschen der Station, wo früher Soldaten unberechtigten Besuchern den Zutritt verwehrten, sind heute die Briefkästen angebracht, alle zentral zusammen und folglich teilweise recht weit vom jeweiligen Wohnhaus entfernt. An einem steht noch immer der Name des Lyrikers Thomas Kling, der hier viele Jahre gelebt hat, bis zu seinem frühen Tod im Jahre 2005. Plötzlich erinnert man sich wieder daran, dass Kling im Alter von nur 47 Jahren gestorben ist. Und hier steht sein Name, als könnten ihn die Briefe, die ihm manche Menschen womöglich noch immer schreiben möchten, bis zum heutigen Tag erreichen.

Genug vom kulturellen Landleben, zurück zur Stadtkultur. Dorthin, wo zwei Städte jeweils einen Teil zum städtischen Leben beitragen, ohne dass die unterschiedlichen Einflusssphären klar erkennbar wären. Jenseits von Oberkassel geht das linksrheinische Düsseldorf nahtlos in die Stadt Neuss über. Würde man mit einem Zirkel einen Kreis um die Altstadt schlagen, so würde ziemlich genau jener Abschnitt, auf den sich das Düsseldorfer Stadtgebiet nicht erstreckt, von Neuss ausgefüllt. Aber so verstehen sich die beiden Städte keineswegs. Keine begreift sich als Teil der jeweils anderen. Und besonders nah fühlen sie sich auch nicht. Aber im Gegensatz zur inbrünstig gepflegten Städtefeindschaft zwischen Köln und Düsseldorf, gestaltet sich das Verhältnis von Düsseldorf und Neuss eher leidenschaftslos: Man ignoriert sich, begegnet sich mit Desinteresse. Neuss ist aus Düsseldorfer Sicht einfach zu klein, als dass man anders damit zu verfahren bräuchte, und Düsseldorf ist aus Neusser Sicht einfach zu anmaßend, was seine Selbsteinschätzung angeht. Man lässt sich also in Ruh, geht seiner Wege und scheint sich auf diese sachliche Weise letztlich doch ganz gut zu ergänzen.

Neuss kann für sich die Ehre verbuchen, Deutschlands größte nicht kreisfreie Stadt zu sein – ein komplizierter Superlativ. Deshalb hat Neuss mit seinen mehr als 150 000 Einwohnern keinen Oberbürgermeister. Einen Mangel an bürgerlichem Selbstbewusstsein aber kann man der 2000 Jahre alten Stadt nicht nachsagen. Dass die Kreisstadt Neuss und der Kreis Neuss gut zusammenpassen, lässt sich nicht zuletzt daran ablesen, welcher Stellenwert hier dem Schützenwesen beigemessen wird. Wer sich etwas näher mit dieser Gegend beschäftigt, gewinnt den Eindruck, hier werde das ganze Jahr über Schützenfest gefeiert. Nicht genug, dass in Neuss selbst das größte Schützenfest am Niederrhein stattfindet. Nein, die Schützen marschieren in jedem noch so kleinen Ortsteil auf, und zwar mit dem ganzen Programm, mit allen vorgesehenen Höhepunkten. Kein Wunder, dass die Schützenfest-Beilage der größten Lokalgazette, der *Neuss-Grevenbroicher Zeitung*, alljährlich in Buchstärke erscheint. Die Redaktion verwendet stets die größtmögliche Sorgfalt auf dieses wichtige Verlagsprodukt.

Was Düsseldorf sein Karneval, ist Neuss sein Schützenfest. Fast eine Woche lang befindet sich die Stadt im Ausnahmezustand. Wie in Düsseldorf am Rosenmontag und Veilchendienstag haben in Neuss an den Umzugstagen die Schulen geschlossen. Die Stadt verwandelt sich dann in einen einzigen großen Schützenplatz. Keiner soll glauben, das wäre eine Angelegenheit von Daheimgebliebenen, die nicht über den Neusser Tellerrand zu blicken verstünden. Viele Manager halten sich angeblich jedes Jahr extra diese eine Woche frei, gegen alle privaten und beruflichen Widerstände, bloß um in ihrem Zug, in den sie oft schon als Jugendliche eingetreten sind, am Fest der Schützen teilzunehmen. Vorstandsvorsitzende, so heißt es, würden sich in ihren Verträgen das Recht auf diese freie Woche garantieren lassen.

Als ich Kulturredakteur der *Neuss-Grevenbroicher Zeitung* wurde, sprachen wir bei meinem Vorstellungsgespräch eine Viertelstunde über meinen Werdegang und die Erwartungen des neuen Arbeitgebers. Dann wendete sich der Geschäftsführer den aus seiner Sicht wirklich wichtigen Dingen zu, und wir sprachen eine halbe Stunde über das Schützenfest. In einer Art Blitzkurs in Neusser Lebensführung wurde mir beigebracht, dass das Schützenfest ein gesellschaftliches Ereignis von höchstem Rang ist. Ihm fernzubleiben kann sich kein Geschäftsmann, kein an den Entscheidungen der Stadt auch nur am Rande Beteiligter leisten. Auf Holzbänken und auf Festbanketten trifft sich die ganze Stadt. Beim Feiern bespricht man das, wozu man beim Arbeiten nicht kommt: das Wichtige. Hier werden Geschäfte abgeschlossen, Kontakte geknüpft, Netzwerke erweitert. Und vor allem werden alte Freundschaften erneuert, immer wieder, über all die Jahrzehnte ihres Bestehens hinweg. Muss man jetzt noch dazusagen, dass die Neusser ein in geschäftlicher Hinsicht überaus erfolgreiches Völkchen sind und zu einem gefestigten Selbstbewusstsein auch allen Grund haben?

Dieses Selbstbewusstsein lässt sich noch an etwas anderem ablesen: Neuss lässt sich die Kultur viel kosten. Für eine Stadt dieser Größenordnung ist das Engagement erstaunlich. Das städtische Theater ist vor knapp zehn Jahren in einen zentral gelegenen Neubau gezogen, den sich der Größe und der Ausstattung nach zu diesem Zeitpunkt kaum eine andere deutsche Großstadt geleistet hätte. Zudem betreibt Neuss mit der »Alten Post« ein engagiertes Kulturzentrum und verfügt mit dem Clemens-Sels-Museum über ein Haus, das zugleich Heimat- und Kunstmuseum ist. Jedes Jahr finden in Neuss sowohl ein aufwendiges Shakespeare-Festival als auch ein international anerkanntes Tanz-Festival statt.

Ob das alles nur geschieht, um sich der erdrückenden Übermacht der Kulturmetropole Düsseldorf zu erwehren? Jedenfalls ist kaum zu unterschätzen, welche Auswirkungen die Nähe der großen Kunststadt Düsseldorf auf die Stadt Neuss und den gleichnamigen Landkreis tatsächlich hat. Viele Künstler leben und arbeiten in Neuss, weil sie die hohen Lebenshaltungskosten in der Landeshauptstadt scheuen, vor allem die hohen Miet- und Immobilienpreise. Aber auch, weil der Kreis und die hier ansässigen Institutionen sich sehr anstrengen, in Sachen Kunst auf keinen Fall provinziell zu wirken – wie es dem Kreis wegen seiner manischen Schützenfesterei natürlich sehr schnell nachgesagt wird.

Viele Jahre schon regiert hier ein Landrat, der weniger für seine politischen Entscheidungen als für seine Liebe zur Kunst berühmt ist. Dieter Patt hat sich ganz der Kunstförderung verschrieben. Dem traditionell von der CDU regierten Kreis geht es wirtschaftlich besser als vielen anderen Kommunen, und Patt, der auch selbst als bildender Künstler arbeitet, macht seinen Einfluss geltend, wo er kann. Hier gibt es zum Beispiel den Großen Kunstpreis der Kreissparkasse. Während andernorts das schönste Aquarell der Jahresausstellung »Malen und Zeichnen bringt Freude« mit einer Urkunde und einer Einzelausstellung im hinteren Teil des Foyers belohnt wird, versteht man darunter in Neuss einen großen Kunstpreis. Er wird für das Lebenswerk zeitgenössischer Künstler verliehen, die mit ihrer modernen Auffassung bisweilen das ländliche Publikum eher zu verschrecken drohen.

Einer dieser zeitgenössischen Künstler, die es dem Betrachter eher schwer als leicht machen, ist der Bildhauer Ulrich Rückriem. Auch er hat schon den Großen Kunstpreis der Kreissparkasse Neuss bekommen. Als der Bildhauer nach einem Ort suchte, um einen Großteil seiner gewaltigen Granitskulpturen in einer Art öffentlich zugänglicher Privatausstellung unterzubringen, da meldete sich prompt der kunstbegeisterte Landrat Dieter Patt bei ihm und stellte ihm höchstpersönlich verschiedene geeignete Objekte vor. Rückriem wollte aufs Land, weil er findet, dass seine Kunst in einen ländlichen Rahmen gut hineinpasst. Er entschied sich für Sinsteden. So entstand auf einem halb verfallenen Gutshof in Sichtweite der großen Braunkohlefördergebiete eine Symbiose von Kunst und Kulturlandschaft, wie man sie sich kaum origineller hätte ausdenken können. Unweit von Grevenbroich, dem Hauptstandort der Energiewirtschaft. Ungewöhnlich, aber für Neusser Verhältnisse fast schon wieder charakteristisch.

Die 2000 Quadratmeter Ausstellungsfläche der beiden großen Rückriem-Hallen – eine finanzierte der Künstler selbst, die andere der Kreis – sind gestaltet wie landwirtschaftliche Nutzgebäude. Auf dem weitläufigen Gelände, das man nach Betreten des renovierten, in klassischer Ziegelbauweise errichteten Gutshofs erreicht, wirken die weißen Hallen kühl und abweisend. Auf ihrem kalten Betonfußboden hat Rückriem seine Granitquader und Platten millimetergenau ausgerichtet. Mal sind die meterhohen Steine bearbeitet, meistens nicht, einige tragen regelmäßige Bohrungen, andere nicht. Oft bilden die Brocken Gruppen, als hätten sie sich etwas zu sagen. An einer Tür stehen zwei, als behüteten sie einen Schatz, von dem ein jeder Besucher sich seine eigene Vorstellung machen muss. Denn Rückriem verweigert jede Verständnishilfe, er gibt seinen tonnenschweren Arbeiten keine Titel, sondern lässt den Betrachter lieber mit dem Material und den Bearbeitungen allein. Einer wie er kann sich gar nicht unverstanden fühlen, er will vieles, vermutlich auch Ratlosigkeit erzeugen. Das darf man jedenfalls vermuten.

Die Frage nach dem Sinn dieser Kunst, nach den Absichten des Künstlers und dem großen Plan, der dahintersteckt, ist in den großen Hallen von Sinsteden rasch verhallt. Diese Kunst steht für sich, im wörtlichen wie im übertragenen Sinne. Und genau deshalb passt sie im Grunde überall hin und lässt sich leicht mit anderem kombinieren. So auch mit dem Landwirtschaftsmuseum, das schon vor dem Einzug der Rückriem-Kunst für diesen Standort konzipiert worden war.

Von Rückriems Hallen aus führt ein Weg mit sanfter Steigung einen Hügel hinauf. Dort oben steht die größte der auf dem Sinsteden-Gelände anzutreffenden Hallen. Das Verrückte ist ja, dass diese Hallen so gut zusammenpassen, als seien sie Teil eines gemeinsamen landwirtschaftlichen Konzepts. In dieser von Gemüse- und Getreideanbau geprägten Gegend mit ihren niedrigen, dunkelsteinigen Höfen, die sich auf der weiten rheinischen Ebene wie schwarze Tupfer verteilen, passen sie perfekt ins Bild. Aber während unten Kunst ausgestellt wird, findet sich hier oben eine große Sammlung landwirtschaftlicher Nutzgeräte, vom Traktor bis zum Mähdrescher.

Die abstrakteste Kunst und die konkreteste Ausstellung, die man sich denken kann, liegen hier also nur ein paar Meter voneinander entfernt. Dort der rätselhafte Steinblock, der keinem Zweck und keinem Herrn zu dienen scheint. Aus einem irischen Steinbruch gebrochen, für Gedanken, über die keiner bestimmen kann. Und hier die anschaulich und schlüssig allein für die praktische Arbeit ersonnene Maschine, deren Existenz allein dadurch gerechtfertigt ist, dass sie ihren Zweck erfüllt, nämlich die Ernte einzubringen.

Für beide Sphären ist ein und dieselbe Frau zuständig. Die promovierte Kunsthistorikerin Kathrin Wappenschmidt betreut als Kuratorin die Rückriem-Hallen wie auch die Wechselausstellungen im restaurierten Schweinestall, wo mal die große Schau der Landmaschinen stattfindet, dann wieder die Rolle der Kaltblüter in der Neusser Landwirtschaft dargestellt wird. Die zierliche Leiterin dieses spektakulären Doppelmuseums führt ihre Besucher also erst an Ackerschleppern, Mähbalken und Garbenbindern aus dem 19. Jahrhundert vorbei und nimmt sie dann mit hinüber in die Steinhallen. »Wer A sieht, muss auch die Chance bekommen, B zu sehen.« So werden die ahnungslosen Besucher vom sicheren Boden der Realität aufs Glatteis ungeklärter Kunstverhältnisse gelockt.

Und umgekehrt: Kunstsammler aus den USA oder Japan, die wegen Sinsteden extra nach Deutschland fliegen, sollen im Anschluss an das Rückriem-Programm ruhig auch mal eine Runde Traktor fahren. Selten mischt sich das gegensätzliche Publikum zwei so unterschiedlicher Museen auf so unterhaltsame Weise. Andererseits passt Rückriems archaische Granitkunst vielleicht nirgendwo besser hin als in die Nähe der nutzbar gemachten Natur. Schließlich sind manche Ackergeräte aus vergangenen Jahrhunderten derart komplizierte mechanische Konstruktionen, dass sich ohne die Hilfe der Expertin Wappenschmidt ihr Sinn gar nicht erschließen würde. Man stünde ebenso ratlos da wie vor den angesägten, zerteilten und polierten Kunstwerken Ulrich Rückriems.

Nicht immer nur Gewinner

Vom Niedergang einer großen Sportstadt

Wenn man einem echten Düsseldorfer Fußballfan den Spaß verderben möchte, wenn man neugierig darauf ist, wie dessen Gesicht wohl in gänzlich schmunzel- und lachfreier Form aussieht, so braucht man lediglich den Ortsnamen Basel fallen zu lassen. Basel genügt, um einen Fortuna-Fan jederzeit wieder auf den Boden der Tatsachen zurückzuholen. Warum? Weil jeder Fortuna-Anhänger den 16. Mai 1979 als Fortunas größten und zugleich schwärzesten Tag der Vereinsgeschichte abgespeichert hat. Schlimmer war nicht einmal 2002 der Abstieg in die vierte Liga.

An 16. Mai 1979 stand Fortuna Düsseldorf im Finale des Europapokals der Pokalsieger (ein Wettbewerb, der später abgeschafft wurde). Etwas Größeres gab es damals kaum für einen Fußballklub, abgesehen vom Finale der Landesmeister (heute: Champions League). Fortuna hatte an diesem Abend in Basel den Gipfel Europas erklommen. Düsseldorfer lächeln bekanntlich verschmitzt, wenn sie Sachen sagen wie: Da gehören wir auch hin. Aber zugleich meinen sie dergleichen insgeheim bitterernst.

Dieser rheinische Größenwahn erlebte in Basel innerhalb von 120 Minuten gleichzeitig seinen historischen Höhe- und Tiefpunkt, denn die Fortunen verloren nach großartigem Kampf unglücklich mit 3:4 gegen einen der ruhmvollsten Klubs der Welt, den FC Barcelona. Womit sich alle hochfliegenden Träume erledigt hatten. Fortuna kam nie wieder in ein solches Finale. Auch gibt es nicht mehr viele Düsseldorfer, die die Meistermannschaft von 1933 komplett aufsagen können. Erschreckend ist eigentlich eher, dass es manche sehr wohl noch können, weil es bei dieser einzigen Deutschen Meisterschaft bis heute geblieben ist. In der ewigen Tabelle der Fußballbundesliga steht Fortuna derzeit (Stand Saison 2009/2010) auf dem 17. Platz – ein ewiger Absteiger.

Was interessiert uns das überhaupt? Nun, Düsseldorf hat immer eher mit den weichen Standortfaktoren Punkte gesammelt. Wer Fortuna heutzutage etwas belustigt dabei beobachtet, wie die Mannschaft sich mit Ach und Krach in die zweite Bundesliga vorgekämpft hat, der vergisst, wie viele Jahre Fortuna zuvor in der ersten Liga gespielt hat und wie viele gute Spieler für den Verein aufgelaufen sind. Vor allem übersieht er, dass Düsseldorf einmal eine große, ja die größte Sportmetropole Deutschlands gewesen ist. Handball, Basketball, Fußball, Eishockey, Hockey, Tennis, Tischtennis. Düsseldorf war Mitte der 80er-Jahre die Stadt mit den meisten Bundesligavereinen in Deutschland. Und wer sich schon nicht für das Rheinstadion erwärmen konnte, das selbst dann noch dreiviertelleer wirkte, wenn 40 000 Zuschauer drin waren, der kam an der Brehmstraße einfach nicht vorbei. Das dortige Eisstadion galt über Jahrzehnte hinweg als Zuschauerhochburg des deutschen Eishockeys, bis der Heimatverein DEG Metro Stars 2006 in den ISS-Dome umzog. Zu meinem Bekanntenkreis zählte ein Jurist, in dessen Schrankwand vier Bücher aufgereiht standen. Eines war das Bürgerliche Gesetzbuch, das zweite war Umberto Ecos »Der Name der Rose«, das dritte habe ich vergessen, und das vierte war »Das Große DEG-Buch«. Ich brauchte ihn nicht zu fragen, welches dieser Bücher er am häufigsten aufschlug. Mit dem Staatsexamen hat er sich nämlich nicht ganz leicht getan.

Für die DEG und die Heimspiele im Stadion an der Brehmstraße lassen bis heute viele Düsseldorfer alles stehen und liegen. Um das zu verstehen, braucht man nur ein einziges Mal ins Stadion zu gehen, am besten embedded von den DEG-Fans. Ein Eishockeyspiel dauert recht lange, und es beginnt schon lange vorher mit den Gesängen der DEG-Fans. Die Gesänge sind sehr originell – nicht nur verglichen mit denen von Fußballfans, die ja an Schlichtheit nicht zu unterbieten sind (Arsch – loch, Arsch – loch, Arsch – loch!). Die Kreativität der DEG-Fans ist vielmehr so berühmt, dass sie schon als komplette Kreativabteilung zu besonders wichtigen Heimspielen der Fortuna hinzugebeten wurden. Ihre Massengesänge zeichnen sich dadurch aus, dass auch tausendstimmig noch eine Melodie zu erkennen ist. Und, man höre und staune, ein witzig umgeschriebener Text. Beispiel:

Auf einem Baum simsalabimbambaseladuseladim
Auf einem Baum ein Kölner saß simsalabimbambaseladuseladim

Schade um den Baum, schade um den Baum, schade schade schade um den Baum.

Lustig, oder? Nur der Refrain fällt nicht bloß sehr kurz aus, sondern leider auch vom Niveau etwas ab. Der lautet nämlich:

Cologne, die Scheiße vom Dom!

Köln inspiriert die Düsseldorfer immer, nur nicht unbedingt immer zu Höchstleistungen.

Aber wir sprechen hier von kleinen Aussetzern in einer ansonsten recht heilen Eishockeyfanwelt, in der es zwischen den Anhängern der aufeinandertreffenden Mannschaften nicht mal Keilereien gibt. Es gibt auch keine Schmährufe gegen einzelne Spieler der Gästemannschaft (Köln einmal ausgenommen). Allein die Atmosphäre auch im neuen Stadion der Düsseldorfer Metro Stars, dem ISS-Dome in Rath, ist immer mindestens eine Besichtigung wert. Allein schon, weil Eishockey ein unglaublich schneller Sport ist. Erst im Stadion begreift man die Geschwindigkeit dieses Spiels wirklich. Außerdem kann man dann zum ersten Mal den Puck richtig sehen.

Noch einmal zurück zu Fortuna. Dieser Verein lebt in zwei Welten. Woran er nicht allein die Schuld trägt. Das architektonisch sehr gelungene, mittlerweile abgerissene Rheinstadion (die Schüssel) wurde anlässlich der Fußballweltmeisterschaft 1974 im Norden der Stadt errichtet. Nahe am Flughafen, Parkplätze in Hülle und Fülle, Autobahn in der Nähe, gute Anfahrtsmöglichkeiten aus der Stadt, prima Straßenbahnanschluss – eine glänzende Infrastruktur. Einerseits. Andererseits: Musste es denn ausgerechnet der Norden werden? Gab es denn nichts anderes? Im Düsseldorfer Norden wohnt, wer sich Dinge leisten kann, die über Fußballeintrittskarten weit hinausgehen. Nördlich der Altstadt beginnen die Showrooms der Modemesse, durch Stockum ziehen sich gepflegte Vorortstraßen mit großzügigen, weiß gestrichenen Ziegelbungalows und großen Gartenanlagen. Außerdem liegt hier der Jachtklub – wo könnte der Fußballverein aus dem Arbeiterviertel Flingern weniger hinpassen als hier?

Fortuna Düsseldorf stammt nämlich vom Flinger Broich. Dort liegt das alte Stadion, noch eine richtige alte Kampfbahn, mit aufgeschütteten Stehtribünen, die an die Verteidigungswälle der Kelten erinnern. Zwischen Schrottplätzen und Müllverbrennungsanlage findet sich hier auch die bescheidene Geschäftsstelle der Fortuna. Hier ist Fortuna-Land, hier ist das »Fortuna-Eck«, und hier kann eine Kneipe noch so sehr ein Ort konsequent gelebter alternativer Totalverweigerung sein – ein Fortuna-Wimpel hängt trotzdem im Fenster. Fußball hat ja bekanntlich mit Sekt und Kaviar ungefähr so viel zu tun wie Reiner Calmund mit Diätkeksen, aber Fortunas Machtzentrum am Flinger Broich macht noch mal klar, dass Fußball früher ein einfaches Spiel für einfache Leute war.

Schicker Norden hin, schlichtes Flingern her – Kult ist Fortuna trotzdem immer gewesen. Als jedoch die ehemalige Bundesligamannschaft, aus der Talente wie der Nationalspieler Klaus Allofs hervorgegangen waren, innerhalb von fünf Jahren von der ersten in die vierte Liga abstieg, verloren doch einige Leute ihren Glauben an die ruhmreichen Fortunen. Ein paar eiserne Fans fühlten sich hingegen plötzlich wieder richtig wohl. Nämlich die

»Toten Hosen«, die lange einen ihrer Bandstützpunkte in Flingern unterhielten und vermutlich an den Zauber ihrer frühen Chaosjahre zurückdenken mussten, als sie noch im VW-Käfer zu Konzerten in die Kleinstädte getuckert waren.

»Liebe Freunde, liebe Feinde«, ließen sich die Hosen damals öffentlich vernehmen, »wir werden als Hauptsponsor mit einer Gesamtsumme von einer Million DM für die nächste und übernächste Saison dem angeschlagenen Traditionsverein Fortuna Düsseldorf unter die Arme greifen, egal ob die Mannschaft in der dritten oder vierten Liga spielen wird.« Die »Toten Hosen« gelten seitdem als unrettbare Romantiker, so vorbildlich sozial, offen und kritisch, dass es eigentlich kaum auszuhalten ist. Ehrliche Outlaws in der Provinz.

Das sind die Düsseldorfer Widersprüche, die einem im Sport genauso begegnen wie in der Kultur. Die Aushängeschilder dieser schicken, aufs Noble und Exklusive festgelegten Stadt sind ein Punksänger, der wie ein Lutschbonbon heißt, und ein Fußballklub, der seinem verheißungsvollen Namen fast immer untreu gewesen ist. Kein Wunder: Tennis World Team Cup im herrlich gelegenen Rochus Club im Grafenberger Wald – das ist nur einmal im Jahr. Aber Fortuna und Deh – E – Geh', das ist immer.

Kleine Straßenkunde

Städte sind wie ihre besten Straßen. Und die besten sind Unikate. Sie stehen für sich allein.

Citadellstraße Die Altstadt hat viele Kneipen, sie hat viele Katzenköpfe und sie hat immer noch viele Fenster mit Butzenscheiben, aber besonders viele schöne Häuser hat sie nicht. Vieles versteckt sich auch hinter Neonreklamen. Nicht so in der Citadellstraße. Kneipen sind hier Mangelware. Es hat sie gegeben, die großen gastronomischen Versuche, die an diesem allzu stillen Fleckchen gescheitert sind. Womöglich, weil es hier kaum Laufkundschaft gibt, weil sich kaum jemand hierher verirrt. Und wenn man auf dem schmalen Bürgersteig dieser nahezu unzerstörten Straße entlanggeht, findet sich auch sonst nicht viel, was vom Betrachten ablenken würde: ein Goldschmiedeladen, ein wunderschönes Antiquariat, das den Namen Heinrich Heines trägt, der Füchschen-Bierverkauf und – eine Oase für den Spaziergänger, weil sich sogar in Düsseldorf Kneipen rar machen können – die »Zicke«. Ansonsten eine Straße wie ein Zeittunnel ins 18. Jahrhundert.

Campusstraße Ein seltsamer Boulevard, nur für junge Menschen, man trifft aber auch immer wieder ein paar Lehrkräfte darunter an. Der Campus der Heinrich-Heine-Universität ist eine Flaniermeile für Leute, die noch alles vor sich haben. Das verleiht ihm einen überraschenden Charme. Und so sehr man die Hörsäle und Seminarräume auch als Scheußlichkeiten der betonwütigen 70er-Jahre ansehen mag – eines muss man dieser NRW-Uni auf der grünen Wiese doch lassen: Hier ist eine Fußgängerzone entstanden, auf der allerlei buntes Treiben herrscht, obwohl es bis auf einen Uni-Laden nicht einmal Geschäfte gibt. Dafür gibt es echte Klassengegensätze: Das Foyer der medizinischen Fakultät mit einem Wandgemälde von Roy Lichtenstein (so was können natürlich nur die snobistischen Mediziner bringen) liegt genau gegenüber der Cafeteria der Philosophischen Fakultät, wo die brotlosen Künste gelehrt werden. Bildlicher lässt sich das Aufeinanderprallen zweier Welten nicht fassen. Doch ob nun aus Neugier oder Zorn – der Austausch unter den Studierenden beider Fakultäten ist immer vorbildlich gewesen, besonders bei Fakultätsfeten. Der Höhepunkt aber, auf den diese Hauptstraße des akademischen Optimismus und der Zuversicht zustrebt, ist die Universitätsbibliothek. Von allen aus der ehemaligen Medizinischen Hochschule hervorgegangenen Universitätsbauten ist dies eindeutig der gelungenste. Im Stil einer wuchtigen Pagode erhebt er sich an zentraler Stelle. Wer die nächste Uni-Kneipe sucht, muss von hier aus ein Taxi nehmen. Es gibt sowieso nur eine: das »Mooren 18«.

Kiefernstraße Ein Spätsommerabend. Die Straße liegt noch immer im hellen Sonnenschein. Kinder laufen kreuz und quer über die Bürgersteige, Bierbänke stehen auf der Straße, aus irgendeinem der vielen offenen Fenster dringt Musik. WDR 2 ist das nicht. Klingt nach härterem Stoff. An solchen Kleinigkeiten scheitert kein Idyll, und auf ihre Weise ist die Kiefernstraße tatsächlich das Idyll eines erfolgreichen Protests gegen Spekulation, Entmietung und Abrisspolitik. Aber auch wenn das alles Jahrzehnte zurückliegt – wer heutzutage arglos die Straße entlangläuft und neugierig die Fassaden der ehemals besetzten Häuser betrachtet, dem kann es scheinen, als wären die Zeiten des Kampfes immer noch nicht ganz vorbei. Ein junger Mann zum Beispiel scheint auf Nummer sicher gehen zu wollen: Er hält in jeder Hand eine Flasche Bier, beide Flaschen sind voll, beide sind offen. So steht er an der Bordsteinkante und starrt die Häuser gegenüber an. Auch vor dem Café-Laden stehen und sitzen Leute herum, sie beobachten einen Fremden, der mit den Händen in den Hosentaschen herumspaziert. Es herrscht nicht gerade eine aggressive, aber auch keine heitere Stimmung. Kaum jemand lacht. Die Blicke sind misstrauisch, fast finster. Am heitersten wirken noch die südländischen Frauen, die viele kleine Kinder vor sich hertreiben.

Die Kiefernstraße ist ein Monument. Sie war mal von Fabriken umgeben, unter anderem von den Klöckner-Werken. Für deren Stahlarbeiter waren diese Mietshäuser 1905 gebaut worden. Als das Werk schloss, begann der Niedergang. Einige der Häuser wurden als Notquartier für Flüchtlinge aus Afrika genutzt. Die leer stehenden wurden Anfang der 80er-Jahre von Wohnungssuchenden in Beschlag genommen. Die Stadt wollte abreißen, aber die Leute von der Kiefernstraße weigerten sich zu gehen. Am Ende bekamen sie Nutzungsverträge angeboten, und die Häuser blieben stehen. Hier in der Kiefernstraße wurde der Punk gelebt und war nicht bloß eine neue Musikrichtung. Hier rebellierten sie gegen das System, die Punker, die Künstler, die Arbeitslosen.

Auf der Seite mit den ungeraden Hausnummern wohnen größtenteils noch immer die ehemaligen Besetzer. Sie haben die heruntergekommenen Fassaden großformatig bemalt. Weil die Straße wegen einer Art Dauerbaustelle in einer Sackgasse endet, entfällt die Möglichkeit, hier wie bei einer Fotosafari mit dem Wagen durchzurollen, der Besucher muss aussteigen. Wer glotzen will, muss sich auch anglotzen lassen.

Kasernenstraße Als Handels- und Bankenzentrum hat Düsseldorf natürlich auch eine rheinische Fleetstreet zu bieten, wo sich die großen Häuser aneinanderreihen. Wie vieles in dieser Stadt, ist auch dieser Augenblick des großen Geldes indes von kurzer Dauer. Puristen erledigen die monumentale Meile zu Fuß, nüchterne Gemüter begnügen sich damit, im Auto an den steinernen Kolossen vorbeizufahren. Hier setzte das Kapital sich selbst ein Denkmal, mit dem sogenannten Stahlhof, einem monumentalen Gebäude, das zunächst der Sitz des Stahlwerkverbands war, also des Zusammenschlusses der deutschen und luxemburgischen Eisen- und Stahlindustrie. Von hier aus wurden 50 Prozent des gesamten deutschen Stahlwesens kontrolliert. Der 1908 fertiggestellte rote Prachtbau aus Sandstein mit zahlreichen Giebeln erfüllte seine eigentliche Funktion jedoch nur für sechs Jahre. Dann brach der Erste Weltkrieg aus. Der Deutsche Stahlbund, der hier die Lieferung der Eisen- und Stahlindustrie an das Militär koordiniert hatte, wurde nach Kriegsende wieder aufgelöst. Und als im Januar 1923 französische und belgische Truppen das Ruhrgebiet besetzten, beschlagnahmten sie den Stahlhof gleich mit. Zwei Jahre war hier der Generalstab der französischen Einheiten untergebracht. Und so ging es immer weiter: Die zivilen und wirtschaftlichen Führungsstäbe wechselten einander ab, bis die britische Militärregierung nach 1945 den unbeschädigt gebliebenen Protzkasten zum Sitz des britischen Zivilgouverneurs und Beauftragten der Militärregierung auserkor. Hier wurde beschlossen, dass Düsseldorf Landeshauptstadt werden sollte. Am Ende hielt die Justiz Einzug. Seit Sommer 1971 ist hier das Verwaltungsgericht untergebracht.

Die Kasernenstraße ist einer der wenigen Ort in dieser Stadt, wo man sich klein und winzig vorkommt. Sie zeugt davon, wie unangreifbar das Kapital und die Industrie sich einst gefühlt haben – oder dass sie zumindest sehr um diesen Eindruck bemüht waren. Aber wie gesagt, Hektik und Herrlichkeit des Gründerzeit-Kapitalismus reichen nur bis zur Graf-Adolf-Straße. Dann findet Düsseldorf wieder zu seiner rheinischen Gelassenheit zurück.

Nordstraße Mit der Nordstraße rechnet man nicht. Man fährt von einer großen Ausfallstraße ab, und plötzlich tut sie sich auf. Der erste Besuch auf der Nordstraße ist ein bisschen wie der erste Kuss. Denn die Geschäftsstraßen von Stadtvierteln haben nur selten so viel Flair, dass man sich plötzlich in einer ganz anderen Stadt wähnt, obwohl man doch nur zwei U-Bahn-Stationen weitergefahren ist. Der Effekt lässt nach, sobald man merkt, dass einem das in Düsseldorf öfter passieren kann. Aber das wird einen nicht davon abhalten, immer wieder in die Nordstraße zurückzukehren. Die Derendorfer lieben diese Straße, weil sie so viel Flair hat. Man kann hier von der Trattoria zur Eisdiele zur Bar schlendern und zwischendurch hervorragend einkaufen. Einkaufen dauert folglich auf der Nordstraße tendenziell sehr lang. Besondere Zeitfallen sind das Eiscafé »Da Forno«, von dem sich Düsseldorfer gegenseitig vorschwärmen, als hätten sie Anteile daran erworben und müssten unter dem Druck der Finanzkrise die Geschäfte ankurbeln. Gleich an der Ecke gegenüber findet sich eine sehr stimmungsvolle, eigentlich immer äußerst belebte Bar. Attraktiv sind auch die Nebenstraßen der Nordstraße. In der Schwerinstraße reihen sich zum Beispiel weitere Trattorien und kleine Bars aneinander. Fazit? Nix wie hin.

Hohe Straße In der Carlstadt geht es friedlich zu, sie ist das Gegenteil der Altstadt. Möchte man meinen. Und das stimmt ja auch. Aber dann geht man zur Hohen Straße und findet sich auf einer Straße wieder, die das Gegenteil von still ist. Fußgänger brauchen also keineswegs immer Fußgängerzonen, um sich frohen Mutes von einem kleinen Geschäft zum nächsten und von dort zu einer netten Kneipe treiben zu lassen. Hier stößt man auf eine wundervolle Mischung von hochpreisigen Antiquitätenläden, alteingesessenen Farb- und Tapetengeschäften, heimeligen Buchantiquariaten, Galerien und Schmuckläden. Ferner gibt es hier den Feinkostenladen Münstermann und die Bäckerei Hinkel, deren Chef es sogar schon zum Karnevalsprinzen gebracht hat. Dazwischen kleine Speiselokale wie das zur Straße offene »Contor«, die den umtriebigen Charakter dieses Sträßchens noch zusätzlich betonen. Die Hohe Straße ist also eine Bummelmeile, und wenn es mal etwas schneller gehen muss und gedrängelt wird, lässt sich davon auch niemand die gute Laune verderben. Oben der Carlsplatz mit seinen Marktständen, unten das Heinrich-Heine-Denkmal. Eine Straße wie aus dem Straßenerfinder-Handbuch. Auch für Kölner zu empfehlen, die sich völlig zu Recht in ihre reizende Ehrenstraße verliebt haben.

Ratinger Straße Der Dauerbrenner dieses Buchs. Wird nun schon zum dritten oder vierten Mal erwähnt, oder? Immerhin ist sie eine der beiden ältesten Straßen Düsseldorfs. Hier stand früher einmal das »Haus zum Schwarzen Horn«, ein Düsseldorfer Rathaus, das noch viel älter war als das »Alte Rathaus«. Erst seit dem Ende des 15. Jahrhunderts versammelten sich die Stadtoberen nämlich in dem neuen »Alten Rathaus« in der Altstadt. 500 Jahre später wurde dann auf dieser historischen Straße Punk- und Kunstgeschichte geschrieben, mit viel Bier, versteht sich. An lauen Wochenenden ist hier auch heute noch kein Durchkommen, weder für Autos noch für Fußgänger. Der dröhnende Lärm entsteht mehr oder weniger allein durch Kommunikation. Das »Rätematäng«, eine alte Künstlerkneipe, leer wie eine Bierhalle, dunkel wie ein Bierfass, konnte man vor einigen Jahren noch für ein verrücktes Altersheim halten. Heute ist sie eindeutig wieder ein Jugendtreff.

Stadtteil-Nachrichten

Zentren außerhalb des Zentrums: Oberkassel, Derendorf und Bilk

Nach Oberkassel zu fahren, ist immer etwas Besonderes, allein schon weil man die Rheinseite wechselt. Außerdem wechselt man die Tonart. Wenn es von Düsseldorf heißt, es sei schickimicki, dann muss für Oberkassel ein Wort wie schickiermickier erfunden werden, also die Steigerung dessen. »Oberkasseler Verhältnisse«, sagen die anderen Düsseldorfer. Das bedeutet, dass die Leute die Nase etwas zu hoch tragen oder die Haare etwas zu blond sind. Aber wer an Oberkassel rumnörgelt, der ist vielleicht nicht ehrlich zu sich selbst, weil er sich nicht eingesteht, dass er hier eigentlich doch sehr gern wohnen würde, weil man das hier außerordentlich gut kann. Wunderschöne alte Wohnstraßen, Giebel- und Erkerbauten, höchstens dreigeschossig, ruhig gelegen, in unmittelbarer Nähe zum Rheinufer, das hier bis auf ein paar Radwege unbefestigt ist, mit vielerlei Sandbänken und den riesigen Rheinwiesen. Um in die Innenstadt zu kommen, braucht man bloß einen zehnminütigen Spaziergang zu unternehmen. Und deshalb ist Oberkassel ein exklusiver Wohnort mit entsprechenden Preisen. Mit seinen sehr liebevoll und kostspielig gestalteten Bürgerhäusern ist es eine Ausnahme in Düsseldorf, zumal es vom Krieg weitestgehend verschont wurde. Hier (und dezenter auch im Norden) ist Düsseldorf tatsächlich jenes reiche Dorf, als das es gerne angesehen wird. Und das, obwohl Oberkassel auf der falschen Seite liegt, genau wie Köln übrigens, der linken Rheinseite nämlich, der schäl Sick. Wer einen Spaziergang unternehmen möchte, beginnt ihn am besten im Café »Muggel«, vor holzgetäfelten Wänden und mit Blick auf den von großen Bäumen umstandenen Barbarossaplatz. Überhaupt hat Oberkassel so viel Lebensqualität, dass der eine oder andere Düsseldorfer schon ein bisschen Schadenfreude empfindet, wenn die einzige Schwachstelle Oberkassels zur Sprache kommt. Kneipen gibt es genug. Nein, es geht eher darum, dass ausgerechnet die beiden exklusivsten Straßen, nämlich die Ringe mit Blick auf den Rhein und die Wiesen, jedes Jahr zwei Wochen lang dem Lärm der Oberkasseler Kirmes stramm ausgesetzt sind. Dann tutet, johlt, hupt und kracht es so verlockend von den Rheinwiesen herüber, dass einem angst und bange werden kann. Die Anwohner machen das alljährlich aus allernächster Nähe mit. Mitmachen oder Wegfahren? Wer Düsseldorfer kennt, weiß genau, dass es für die meisten nur heißen kann: mitmachen!

Die Oberkasseler Kirmes wird von den Düsseldorfer Schützen veranstaltet. Es geht trotzdem sehr unmilitärisch zu. Ähnlich wie der Karneval ist die Kirmes ein willkommener Anlass, wieder einmal den Vereinigungs- und Geselligkeitstrieb dieses Menschenschlags zu aktivieren.

Bei der Oberkasseler Kirmes sind die Festzelte der Brauereien mindestens das Wichtigste. Wer einmal im Schlüsselzelt in eine wild tanzende Masse hineingeschoben wurde, der wird nicht verstehen können, wie Münchner beim Oktoberfest den ganzen Abend über nur in ihrer gemieteten Box bleiben. Zugegeben, sie steigen zum Tanzen auf die Bänke und manchmal sogar auf die Biertische (was verboten ist), aber in Düsseldorf wird man ein derart separatistisches Anti-Klumpenbildungs-Verhalten niemals begreifen.

Die Stadtteile Derendorf und Bilk sind von einem anderen Kaliber. Sie entsprechen vielmehr dem Durchschnitts-Düsseldorf, das im Zweiten Weltkrieg schwere Verwüstungen hinnehmen musste, die man der Stadt bis heute ansieht. Trotzdem gibt es hier noch immer viel Altbestand mit schöner Sandsteinfassade, aber auch die bereits erwähnten typischen roten Ziegelbauten – stilvoll, großzügig und repräsentativ gestaltete Wohnanlagen – sowie jede Menge lieblos hochgezogener 50er-Jahre-Miethäuser, teils heruntergekommen, teils renoviert. Man kann es 1-2-3 abzählen: Altbau – Neubau mit frischem Anstrich – Neubau ohne frischen Anstrich. Und wieder von vorn. Es sind vornehmlich Studenten und Akademiker, die in diesen Vierteln wohnen, welche deshalb als angesagt gelten, aber nicht gerade ein Ausbund an Schönheit sind. Erstaunlich ist dabei, dass ihre Bewohner eine Energie und einen Schwung mitbringen, die diese städtebaulichen Handicaps zum großen Teil wettmachen. Mittlerweile gibt es diverse Hotspots, wo eine Menge los ist: an der Tußmannstraße in Derendorf, der Lorettostraße in Bilk oder auch an der Hammerstraße, gleich vis-á-vis vom Medienhafen.

Nicht immer stadt-haft

Städte müssen heutzutage möglichst alles sein.
Düsseldorf auch. Ein Kaleidoskop der Etiketten

Die Literatur-Stadt Ob es mit Heine zusammenhängt, mit der Tatsache, dass einer der größten Schriftsteller Deutschlands hier geboren wurde? Jedenfalls legt Düsseldorf Wert darauf, an prominenter Stelle auf Dichter und Schriftsteller hinzuweisen, die irgendwie mit der Stadt in Berührung gekommen sind. Zwei der bedeutendsten Kunstmuseen liegen beispielsweise am Grabbeplatz, benannt nach Christian Dietrich Grabbe, der hier kurzzeitig weilte. Es gibt auch eine Immermannstraße, nach dem Dichter Karl Leberecht Immermann, und natürlich gibt es die Heinrich-Heine-Allee. Außerdem verwenden diverse Institutionen in der Stadt viel Mühe darauf, die Literatur durch allerlei Veranstaltungen zu fördern und zu pflegen. Trotzdem wird immer wieder die leidige Frage diskutiert, ob Düsseldorf nun eine Literaturstadt sei oder nicht. Selbst der Direktor des Heinrich-Heine-Instituts, Joseph A. Kruse, kann sich nicht dazu durchringen, dergleichen von Düsseldorf zu behaupten, und er bestätigt damit nur die ohnehin vorherrschende Meinung. Immerhin gibt es in der Stadt ein aufgeschlossenes und interessiertes Publikum, was man daran sieht, dass etwa das »Kom(m)ödchen« mit seinem literarischen Kabarett seit Jahrzehnten gut besucht ist. Aber ansonsten?

Wann ist eine Stadt eine Literaturstadt? Wenn sich in ihr eine lebhafte Szene einheimischer Schriftsteller und literarischer Verlage etabliert, ähnlich wie bei der bildenden Kunst oder der Musik. Kurz: Es finden sich gar nicht wenige Verlage wie Droste, Lilienfeld oder Grupello in der Stadt, nicht zu vergessen die wunderbar bibliophile Eremiten-Presse. Und natürlich hat es schon immer Schriftsteller gegeben, die gerne in Düsseldorf wohnen. Aber eine Bar wie das »Schumann's« in München, wo sich Wolf Wondratschek und Patrick Süskind zumindest über ein paar Tische hinweg zuprosten, nein, so etwas gibt es in Düsseldorf dann doch nicht. Dafür gibt es in Düsseldorf das Literaturbüro NRW, wo man sich nach Kräften um Förderung der Literaturschaffenden bemüht. Und Düsseldorf hat Litfaßliteratur hervorgebracht. Der schreibende Mediziner Niklas Stiller brachte Gedichte auf Plakatwände, um den schönen Worten mehr Aufmerksamkeit zu verschaffen.

Aber ein Literaturbüro gibt es auch in Unna, und Unna würde man auch nicht gleich als Literaturstadt bezeichnen. Der Schauplatz Düsseldorf ist zwar hochverdichtet, aber letztlich nicht großflächig und labyrinthisch genug, um auf Schreibende den Reiz einer großen Wundertüte auszuüben, wie es gewisse Millionenstädte durchaus tun. Was aber nicht heißen soll, Düsseldorf wäre nicht schon Schauplatz großer Literatur gewesen. Dieter Fortes dritter Teil seiner Romantrilogie »Das Haus auf meinen Schultern« spielt zum Beispiel weitgehend in der Düsseldorfer Altstadt (»Der Junge mit den blutigen Schuhen« lautet der Einzeltitel). Und auch ein von der Gemütlichkeit der Altstadt wenig angetaner Günter Grass hat immerhin dem Restaurant »Csikos« in der Andreasstraße ein literarisches Denkmal gesetzt. Als »Zwiebelkeller« kommt die Lokalität in der »Blechtrommel« vor.

Die Kultur-Stadt Schluss mit der Nörgelei. Kultur bietet Düsseldorf ja nun wahrlich im Übermaß. Ein Jammer, dass so eine Stadt nicht Kulturstadt Europas 2010 werden durfte. Aber das war ja eine politische Angelegenheit, wie sich gezeigt hat, als ausgerechnet Essen, das sich stellvertretend für das gesamte Ruhrgebiet um den Titel beworben hatte, für die weiteren Auswahlrunden angenommen wurde. Und natürlich hat Düsseldorf noch viel mehr zu bieten als bloß bildende Kunst: Oper, Schauspiel, Ballett und klassische Musik (Tonhalle), aber auch das Musicalhaus »Capitol« und das Varieté »Apollo« und die »Komödie« in der Steinstraße sowie das »Theater an der Kö«, die in Sachen Boulevardkomödie echte Traditionshäuser sind. Außerdem gibt es die alternativen Kulturzentren »Zakk« und »Werkstatt« sowie eine alternative Theaterszene, die trotz vieler geplatzter Träume und immer vor dem Hintergrund hart umkämpfter, sicherlich nicht üppiger Fördertöpfe jahrzehntelang überlebt hat – das »Forum Freies Theater« mit seinen Spielstätten »JuTA« und »Kammerspiele« ist als Speerspitze dieser Szene bekannt. Erwähnt werden muss auch unbedingt das Marionetten-Theater, wo zum Beispiel der Faust gespielt wird, und – habe ich was vergessen? Bestimmt. Ich bitte vielmals um Entschuldigung. Für Messe-Gäste, Zufalls-Gäste, Wochenend-Gäste und andere Kulturgäste ist hier jedenfalls gesorgt. Abschließende Bewertungen unterschiedlicher Intendanzen des Schauspielhauses seien dem Feuilleton überlassen. Der für seine grandiosen Verrisse von den Lesern geliebte, von den Akteuren gefürchtete ehemalige Feuilleton-Chef der *Rheinischen Post*, Reinhard Kill, hat es einmal geschafft, die Arbeit des Intendanten Volker Canaris mit nur zwei Worten zusammenzufassen: »Keine Ära«.

Die Mundart-Stadt Wenn ein Bayer in München sich Mühe gibt, spricht er Hochdeutsch. In Düsseldorf ist es umgekehrt: Wenn ein Rheinländer in Düsseldorf sich anstrengt, spricht er Platt. Richtiges Platt, meine ich, nicht das nette Hochdeutsch, bei dem jedes ch oder g am Ende eines Wortes zu einem knuddeligen sch wird. In München kann man durchaus Bayern treffen, die, wenn sie endlich mal loswerden wollen, was sie sagen wollen, nicht zu verstehen sind. In Düsseldorf gibt es das kaum noch, nicht mal bei Menschen, die in der fünften Generation in der Altstadt geboren wurden. Nicht zufällig wurde deshalb bereits vor einiger Zeit ein Verein zur Pflege der Düsseldorfer Mundart gegründet. Barbara Oxenfort, ihres Zeichens sängerisch begabte Wirtin des »Tante Anna« in der Altstadt und bekennende Karnevalsaktivistin, erzählte einmal, sie sei das einzige Kind in ihrer Klasse gewesen, das noch Düsseldorfer Platt gekonnt habe. Das war nicht nur damals schon eine miese Quote, sondern es dürfte jetzt auch mindestens 35 Jahre her sein. Dass ein Hund auf Platt »e Hongk« ist, lernt man irgendwann auch als Zugezogener. Aber um in Düsseldorf zurechtzukommen, braucht man sich keineswegs in die Tiefen dieser Mundart zu versenken. Interessant allerdings: Vor dem Krieg gaben sich die Narren für ihre Karnevalssession noch selbstbewusst Mottos auf Platt: »Düsseldorf wie et wor, wie et es, wie et wöhd« (1928) oder »Alles onger eene Hoot« (1934). 1933 lautete das Motto übrigens »Et wöhd besser«. Nach dem Krieg ging es dann nicht nur beim Rosenmontagszug durchweg hochdeutsch durch die Straßen der Stadt (»Man soll es nicht für möglich halten«, 1963). Aber seit 1980 ziehen die Narren wieder mit Motti durch die Session, die fast ausnahmslos auf das Düsseldorfer Platt zurückgreifen. Noch is Düsseldorp also nit verloren.

Die Promi-Stadt Herrje, natürlich muss Düsseldorf eine Promistadt sein, sonst passt das mit dem Schickimicki, der Mode, dem Glamour und der Lebenslust ja gar nicht mehr zusammen. Aber ist es in der Hinsicht wirklich mit München oder Berlin zu vergleichen? Um eine solche Frage beantworten zu können, sind Spezialkenntnisse vonnöten, die sich nur ein Promireporter aneignen kann. Und das ist ein Job, als hätten ihn der liebe Gott und der Teufel in Arbeitsteilung erschaffen: viel Licht und zugleich viel Schatten. Wer über Promis berichtet, ist mit den Schönen und Interessanten dieser Welt bald schon per Du. Er ist immer dort, wo der Sekt am teuersten und das Fingerfood am frischesten ist. Aber er muss tatsächlich immer dabei sein, weil die, über die er berichten soll, sonst beleidigt sind, und dann ruft ihn keiner mehr an, wenn spät am Abend noch was Lustiges passiert. Außerdem kommt man bei derart fröhlichen Zusammenkünften mit einem kleinen Schlückchen Sekt nicht davon. Eine gute Freundin und Kollegin hat deshalb das Sektglas irgendwann wieder mit dem Redaktionsschreibtisch getauscht und ihr wichtigstes Arbeitsgerät in dessen unterster Schublade verstaut: ihr Adressbuch mit all den wertvollen Promi-Privathandynummern. Das Büchlein war berühmt für seine Vollständigkeit. Aber es war nicht sehr dick. Die Zahl der Düsseldorfer Promis ist nämlich sehr überschaubar. Es existieren zwar mittlerweile B-, C- und Dschungelcamp-Promis, aber das macht die Sache auch nicht viel besser. Ohne ein paar wirklich berühmte Film- und Fernsehschauspieler, ohne Starjournalisten, ohne Popstars von Weltrang wird die Promijagd schnell zu einer mühsamen und anstrengenden Veranstaltung.

In Wahrheit ist Düsseldorf vor allem eine hart arbeitende Stadt, und dass hier sogar der mittlerweile verstorbene Vorsitzende des Zentralrats der Juden, Paul Spiegel, als Spitzenpromi galt, spricht zwar nicht gegen ihn, aber auch nicht für Düsseldorf. Der Düsseldorfer Dieter Nuhr ist zwar einer der besten (und am besten aussehenden) Comedians des Landes, aber Nuhr ist entweder auf Tournee, bei seiner Familie in Ratingen oder auf Reisen. Nichts ist ihm fremder als Promipartys. So richtig aufregend wird es bei den Düsseldorfer Promis also nur, wenn große Karnevalsbälle anstehen. Oder wenn UNESCO-Sonderbotschafterin Ute-Henriette Ohoven, auch »Mutter Teresa in Chanel« genannt, wieder mal ein Fest für die gute Sache organisiert. An solchen Abenden ist ganz Düsseldorf blond für einen guten Zweck.

Die Messe-Stadt Ja, Düsseldorf ist eine Messe-Stadt. Das gilt aber mittlerweile fast für jede zweite Stadt in

Deutschland. Die anderen Städte, die nicht groß genug sind, um als Messe-Städte durchzugehen, sind dann Kongress-Städte. Die Vorteile, die die Düsseldorfer daraus ziehen, eine Messe in der Stadt zu haben, liegen auf der Hand: Für Gastronomie, Hotellerie und Rotlicht-Branche ist das ein grandioser Jobmotor. Für die Mehrheit der nicht in den genannten Branchen beschäftigten Einwohner überwiegen vermutlich die Nachteile: Staus und volle Restaurants.

Die Mode-Stadt Ich verstehe von Mode leider noch deutlich weniger als von vielen anderen Dingen, aber in Düsseldorf finden zweimal jährlich ganz bedeutende Modemessen statt. Über die ganze Stadt verteilt, haben sich zahlreiche Modefirmen und Unternehmen der Bekleidungsbranche niedergelassen. Die wichtigsten Showrooms sind im Stadtteil Stockum zu finden. Ein Besuch im Modecenter »Imotex«, das auf der anderen Rheinseite im Neusser Gewerbegebiet liegt und wo die Boutiquen sich mit Ware eindecken, gehört zu den deprimierendsten Düsseldorf-Erfahrungen, die ich in den letzten Jahren gemacht habe. Das Gebäude ist eine Scheußlichkeit aus Beton, die aussieht wie eine 70er-Jahre-Mietskaserne. Man latscht eine Betonauffahrt hinauf und gelangt zu einem Eingang, der passenderweise zum »Haus Paris« führt. Ohne Händlerausweis kommt man hier als gewöhnlicher Mensch gar nicht rein. Das ist auch gut für den gewöhnlichen Menschen, es sei denn, er ist künstlerisch veranlagt und auf der Suche nach Orten mit einer besonders bizarren Kontrastwirkung. Die Erwartung, hier Modeglamour anzutreffen, muss mit der Wirklichkeit des Großhändleralltags naturgemäß kollidieren. Gleich nebenan liegen Filialen von Saturn und einer Baumarktkette, die auf dem Mond nicht unpassender wirken könnten als hier. Sie erscheinen wie Fabriken, wo die Menschen vielleicht zum Arbeiten hingeschickt werden, aber doch sicher nicht aus freien Stücken einkaufen würden. Wer Mode sehen will, sollte lieber auf die Kö gehen. Dort und in den anliegenden Straßen wird sie von bisweilen wunderschönen Menschen getragen.

Die Park-Stadt Düsseldorf ist mit Gartenanlagen hervorragend ausgestattet. Darum ist es am Rhein so grün: Durch die Schleifung der riesigen Festungsanlagen (siehe das Kapitel zur Stadtgeschichte, »Rühmlichster Duldungsgeist«) entstand Platz, der weitgehend für Parkanlagen genutzt wurde. Auch der Hofgarten stammt aus dieser Zeit. Ein kleiner Park war bereits im Jahre 1769 an dieser Stelle angelegt worden, nach den Zerstörungen der großzügigen Gartengrundstücke in Pempelfort, das sich außerhalb der Festungsanlage befand. Während der französischen Besatzungszeit aber fielen etliche Bäume einer Erweiterung der Festung zum Opfer. Der neue, deutlich erweiterte Hofgarten des 19. Jahrhunderts entstand dann als Landschaftsgarten im englischen Stil mit künstlichen Hügeln und sanften Tälern auf engstem Raum. So kam Düsseldorf auch in der tellerflachen Innenstadt zu Bergen: Hexenberg, Ananasberg und Napoleonsberg. Sogar eine goldene Brücke hat die Stadt zu bieten. Ferner einen Nord- und einen Südpark, beide von beachtlicher Ausdehnung. Wobei ich im Fall des größten Düsseldorfer Parks, nämlich des Südparks, auch weiterhin den Namen »Volksgarten« vorziehe. So hieß der alte nördliche Teil des im Rahmen der Bundesgartenschau entstandenen Buga-

Geländes. Der Volksgarten war ganz im Sinne seiner Bezeichnung Ende des 19. Jahrhunderts als Erholungsmöglichkeit für das Volk im angrenzenden Oberbilk angelegt worden, und er überrascht mit seinem alten Baumbestand sowie mit großen Wiesen und Weihern. Der südliche, auf einem alten Industriegebiet angelegte Buga-Teil hat diesen Charme nicht aufzuweisen. Dafür gibt es hier viel Platz, viele Blumen und einen großen Baggersee. Neben Friedhöfen und diversen Schlossparks ist auch unbedingt der Benrather Schlosspark hervorzuheben und sei jedem Besucher wärmstens ans Herz gelegt. Die Anlage ist streng, aber so großzügig, dass man die Strenge irgendwann gar nicht mehr bemerkt.

Kleine Geheimnisse

Subjektiv zusammengestellte Besonderheiten

Stadtrundfahrt mit der Linie 706 Tür auf. Kinderwagen rein. Tür zu. Tür auf. Kinderwagen raus. Kinderwagen rein. Tür zu. Das ist der Takt der billigsten Sightseeingtour, die man in Düsseldorf buchen kann. Wien bietet Tramway-Rundfahrten mit der Straßenbahn an. Dabei steigt man mit einem Fremdenführer in die ganz normale öffentliche Bahn ein und tuckert von einer Sehenswürdigkeit zur nächsten. Es gibt sogar exklusiv zu mietende Fahrten in historischen Wagen. In Düsseldorf fehlt dem entsprechenden Angebot jedweder offizielle Anstrich. Die Linie 706 fährt einfach nur vom Start- und Endhaltepunkt Am Steinberg/Merowinger Straße in Bilk eine große Runde durch die Innenstadt und die citynahen Stadtteile. Ohne dass er auf irgendwelche offiziellen Erklärungen hoffen könnte, bekommt der Neugierige dabei flott einen guten Eindruck von der bereits mehrfach angeführten Vielgesichtigkeit Düsseldorfs. Man benötigt eine Fahrkarte der Kategorie I, und der Komfort ist nicht weiter erwähnenswert. Aber auf der Tour vom Steinberg zum Steinberg werden nacheinander Oberbilk, Flingern, Zoo, Derendorf, Pempelfort, die Altstadt, Friedrichstadt, Bilk und am Ende noch einmal Oberbilk durchquert. Düsseldorf in gut fünfzig Minuten. Man überquert bei der Gelegenheit sogar einen zweiten Strom, der fast so breit ist wie der Rhein. Die Rede ist vom Schienenstrom zwischen Zoo und Derendorf. Hier herrschte einst ein reger Warenverkehr, tagtäglich mussten unzählige Güter durch die Stadt transportiert werden. Das ist lange her. Daher sind die meisten der Schienenstränge mittlerweile demontiert. Die Schneise wird gerade mit mehrstöckigen Wohnblocks vollgestopft.

Das Kino »Souterrain« im Café »Muggel« Das Café »Muggel« am Belsenplatz in Oberkassel sollte nicht nur Filmfreunden unbedingt einen Besuch wert sein. Wer ins Kino will, kommt an der Kneipe ohnehin nicht vorbei. Der Zuschauerraum liegt nämlich, wie der Name bereits deutlich macht, im Keller. Der Zugang ist gut versteckt links neben der Theke – wer zu den Billardspielern rüberlinst, die im Gastraum eine kleine Treppe höher spielen, ist schon daran vorbeigelaufen. Das ist natürlich alles sehr bezaubernd, weil kleiner und unkonventioneller als die anderen, ebenfalls recht beschaulichen Programm- und Filmkunstkinos der Stadt. Über eine sehr schmale Wendeltreppe aus Eisen tasten sich die Filmfreaks in die Tiefe vor, am besten gebückt und schön langsam einer nach dem anderen. Das klingt nach U-Boot, sieht unten aber doch ganz anders aus als das U 96 des Herrn KaLeu aus Lothar Buchheims Seekriegsroman »Das Boot«, nämlich fast schon pittoresk. In dem schlauchartigen Raum braucht man nicht einmal Platzangst zu bekommen. Die Filme werden auf einer angemessen großen Leinwand gezeigt, Fern- und Nahsicht sind gleichermaßen gut. Die Filmauswahl entspricht den üblichen Programm- und Kunstfilmkriterien. Wer selbst in Oberkassel wohnt, kann hier immer viele Gleichgesinnte aus dem Viertel treffen. Auch die Besucher der freien Bühne namens »Theater an der Luegallee« wandern mitunter nach der Vorstellung direkt hierher weiter.

Der Schalterraum der Dresdner Bank Eine Zeit lang habe ich mich mit dem Gedanken getragen, ein Konto bei der Dresdner Bank einzurichten, und zwar unbedingt bei der Filiale an der Kö. Dort wären dann alle meine ganz persönlichen Dispokreditberater stationiert gewesen. Ich hätte sogar unauffällig ein Foto des Schalterraums in meinem Portemonnaie untergebracht. Denn diese Schalterhalle ist die schönste und modernste, die ich je betreten habe. Als ich noch auf der Kö als Journalist gearbeitet habe, bin ich, wenn ich von dort zur Kasernenstraße gelangen wollte, immer einfach durch die Schalterhalle hindurchgegangen, und zwar nicht, um eine raffinierte Abkürzung zu nutzen, sondern vor allem aus Freude am Anblick des Tresors. Der sieht aus, als wäre er wie ein Meteorit durchs Dach niedergegangen. Ein gewaltiges viereckiges Stahlmonstrum, und das Erstaunliche ist, dass der Raum dessen Dimensionen durchaus gerecht wird: eine fünfgeschossig in die Höhe gebaute Halle, die Büroetagen wirken wie Loggien. So etwas ist heute keine Seltenheit mehr, aber in den 80er-Jahren war es sensationell, vor allem wegen genau diesem Tresor, in dem sich

1900 Schließfächer befinden. Aber keins von mir. Ich habe dann nämlich doch kein Konto bei der Dresdner Bank eröffnet. Die architektonischen Denkmäler, die sich die Banken in Düsseldorf selbst gesetzt haben, kann man schließlich auch ohne Kundenkarte bewundern.

Die »Capella Bar« im Breidenbacher Hof Der Breidenbacher Hof bildet mit dem Steigenberger Parkhotel am nördlichen und dem InterContinental am südlichen Ende der Kö so eine Art Luxus-Hotel-Dreieck. Auf seiner Website findet sich erstaunlicherweise kein Wort über die Geschichte dieses Fünf-Sterne-Hotels. Vielleicht hat man Angst einzugestehen, dass man gar keine Geschichte hat. Was aber nur die halbe Wahrheit ist. Der neue Breidenbacher Hof wurde zwar erst vor zwei Jahren eröffnet. Aber vorher gab es ihn auch schon, nur an anderem Ort, nämlich wenige Meter entfernt vom Steigenberger. Nach einigen Jahren Leerstand hatte das zentrale, repräsentative Haus seine auf einer langen Tradition beruhende Würde zum großen Teil verloren und war schließlich abgerissen worden. Es gibt also einen weißen Fleck auf der historischen Karte dieses Hauses. Sein Name ist dennoch von historischem Geist umweht. Gut, jetzt ist eben vieles neu, auch wenn man das den von klassisch-strenger Feierlichkeit beherrschten Räumlichkeiten nicht gleich ansieht. Die kleinen Suiten – mit Hang zur fröhlichen Untertreibung Capella-Zimmer genannt – wirken opulent und gediegen zugleich. Überall glänzendes, hervorragend verarbeitetes dunkles Holz mit allerlei Ecken und Kanten, an denen man sich prima stoßen kann, wenn man zu übermütig wird. Ein in den Badezimmerspiegel integrierter Flachbildfernseher ist – neben weiteren großen LCD-Fernsehern sowie einem genialen Blick auf den Platz vor dem Carschhaus oder dem Wilhelm-Marx-Haus, dem ersten Hochhaus der ganzen Stadt – im Übernachtungspreis von circa 800 Euro inbegriffen. Das Frühstück nicht. Die Wiedereröffnung des traditionellen Hauses hat sich unter Düsseldorfern noch nicht richtig herumgesprochen. Dem stellvertretenden Geschäftsführer des Hauses zufolge gibt es bei den Einheimischen gewisse Berührungsängste. Die Zimmer und Suiten werden nämlich zur Hälfte von Arabern, Amerikanern, Russen und Japanern gebucht. Vielleicht könnten diese Berührungsängste ja überwunden werden, indem die Düsseldorfer öfter mal die Lobby oder auch nur die im ersten Stock errichtete Freitreppe aus schwarzem Marmor betreten würden. Über diese gelangt man zur »Capella Bar«, die einem jeden offen steht. Vor dem Eingang breitet sich eine großzügige Bewirtungszone aus, wo sich entspannt das Ende der Nacht abwarten lässt. Auch die Bar selbst mit ihrem glitzernden, von hinten beleuchteten schwarzen Marmor ist eine Freude. Schwarz-weiß gestreifte Zebrasessel und ein freundlich angestrahlter Bartresen mit weißem Lederbezug erzeugen ein Ambiente, das gleichermaßen verspielt wie edel ist. Eine Höhle, in der man den Zwängen des Alltag entkommen, aber trotzdem noch sehen und gesehen werden kann.

Der Platz vor der Maxkirche Nach Ruhe und Frieden sehnt sich der Mensch wohl immer dann, wenn beides gerade nicht zu haben ist. Wenn nichts unmöglicher scheint, als im hektischen Rummel und Getöse ein stilles Plätzchen zu ergattern, wo man ganz für sich ist. Wo könnte also diese Sehnsucht größer sein als in der Düsseldorfer Altstadt? Schon tagsüber steigt aus deren Gassen ständig ein Gewirr unzähliger kratzig-heiserer Stimmen auf. Die Leute müssen schließlich irgendwo einkaufen, und das können sie in einigen Teilen der Altstadt erwiesenermaßen hervorragend. Wo also Frieden finden, wenn es überall schiebt und drängelt, wenn jedermann schnell weiterkommen will und die meisten schon damit beschäftigt sind, ihren Alkoholpegel optimal auszutarieren? Raus aus der Altstadt, vielleicht auf zum Rhein? Dort geht es aber im Sommer mittlerweile auch recht krawallig zu. Also doch nicht raus aus der Altstadt, oder allenfalls ein kleines Stück weit weg, sodass man noch auf Tuchfühlung bleibt. Vom Carlsplatz aus, wo das allgemeine Gedränge sich nicht verläuft, sondern sich eher potenziert, braucht man die Schritte nur ein wenig Richtung Rhein zu lenken, an der »Marktwirtschaft« vorbeizugehen und sich zur Maxkirche treiben zu lassen. Plötzlich steht man auf einem gar nicht so kleinen Platz mit einer Mariensäule und weiß kaum, wie einem geschieht, so still ist es mit einem Mal geworden. Ein paar Bänke, feine Kiesel auf dem Platz, hohe Bäume, dahinter das Stadtmuseum mit dem Spee'schen Garten. Hier bleibt man ganz und gar ungestört; selbst Freunde, die man lange nicht gesehen hat, tauchen hier normalerweise nicht auf. Störend kann allerdings sein, dass man womöglich nach 15 Minuten Ruhe spürt, wie eine Frage sich aufdrängt: Mensch, wo ist denn hier eigentlich ein bisschen was los?

»Unbehaun Eiscafé« Ein echter Geheimtipp, aber nur, bis man den ersten Düsseldorfer kennengelernt hat, der den Fremden auf der Stelle einweiht. Vorher braucht man Reiseführer, um hierher vorzustoßen: nach Flehe, südlich von Bilk. Jenseits der großen Ringstraße, Richtung Volmerswerth, hat Düsseldorf wenig zu bieten, was man lieb gewinnen könnte. Wenn man trotzdem hinkommt, möchte man eigentlich sofort wieder nach Hause. Bis sich dieses seltsame Eiscafé ins Blickfeld schiebt. Fasziniert bleibt man stehen. Nicht, weil jetzt der Eishunger kaum noch beherrschbar oder das Café von so einzigartiger Schönheit wäre. Nein, sondern weil jeder weiß, dass dies die beste Eisdiele der ganzen Stadt ist. Aus irgendwelchen Gründen sind die Düsseldorfer geradezu fanatisch davon besessen, ihr dieses Prädikat immer aufs Neue zu verleihen. Wenn sie dann davorstehen, spüren sie plötzlich wieder dieses Knubbelgefühl, das sie so besonders gern mögen. Es ist wie früher im Osten, wenn es ausnahmsweise mal etwas zu kaufen gab. Man kaufte es, auch wenn man es nicht brauchte. Hier hingegen kauft man, weil man extra herkommen muss. Woanders ist zu einfach. Zu »Unbehaun« macht man sich extra auf den Weg, und die Freude der Wartenden ist dem mit seiner Beute Heimkehrenden gewiss. (Triumphales Schlenkern der weißen Plastiktüte: Seht mal, was ich hier habe!) Wahrscheinlich brauchen Städte solche Kultorte wie das »Unbehaun« in Düsseldorf. Das Schönste daran sind die Schlangen, die sich meterweit auf dem Bürgersteig hinziehen. »Unbehaun« ist übrigens kein ungebräuchliches italienisches Wort, sondern der Name einer deutschen Familie, die hier die Tradition der Milcheis-Herstellung unbeirrbar fortsetzt. Zu den Höhepunkten des Arbeitsalltags in den südlichen Stadtteilen der Stadt gehört es, wenn einer unvermittelt von seinem Tagewerk aufblickt und, als hätte ihn gerade eine Vision erhellt, in die Runde ruft: Ich fahre jetzt zu »Unbehaun« – wem kann ich was mitbringen? Dann werden Zettel geschrieben mit den Bestellungen, bei denen die Becher mit Schokolade, Vanille, Nuss oder Erdbeer garantiert bis oben vollgeschmiert werden. Große Portionen! Denn wenn man schon zu »Unbehaun« rausfährt, dann muss es sich auch lohnen.

Der Malkasten-Park Heißt eigentlich Jacobigarten und ist ein Privatpark. Aber er ist öffentlich zugänglich, und damit wäre schon mal die erste Überraschung hinausposaunt. Die zweite besteht darin, dass er viel größer ist, als man annimmt, wenn man ihn zum ersten Mal betritt. Zum Dritten findet man hier eine schöne Terrasse, wo man angenehm seine Zeit verbringen kann, ohne sich ständig bewegen zu müssen, wie man sonst ja in Parks immer tun zu müssen glaubt. Zum Vierten, last not least, gibt es Kunstwerke zu bewundern, die sich derart harmonisch ins Gesamtbild einfügen, dass man sie bisweilen glatt übersieht, was im Grunde auch nicht weiter schlimm ist, solange man sich trotzdem wohlfühlt. »Malkasten« heißt der 1848 in Düsseldorf gegründete Künstlerverein; genauer ausgedrückt firmiert er als »Verein für geselliges Künstlerleben«. In diesem Garten lustwandelten schon Goethe und Humboldt. Er gehörte zum Landgut Pempelfort der Familie Jacobi, einer Zuckerfabrikanten-Dynastie. Nachdem er die Leitung der Manufaktur abgegeben hatte, unterhielt der Philosoph und Schriftsteller Friedrich Heinrich Jacobi hier einen Treffpunkt für Intellektuelle, obwohl die damals noch nicht so hießen. Dieser Tradition fühlt sich der Malkasten-Verein verpflichtet, der heute im zentral gelegenen Jacobihaus seinen Sitz hat. Die hier organisierten Künstler haben sich in ihrer Satzung auferlegt, dass der Jacobigarten im Geiste seines

Ahnherrn als Ort der Ruhe und Kontemplation weiterbestehen soll. Der Verein hat sich verpflichtet, »diese Stätte in ihrer durch die Erinnerung bedingten Unversehrtheit zu erhalten«, wie es in der Satzung heißt. Deshalb werden auch »keine Fahrräder, elektrische Spielautos, keine Hunde, keine Frisbeescheiben, keine Bälle, keine Federballschläger, keine Grillgeräte und so weiter zugelassen«, erfährt man auf der Website.

Eine Aufweichung dieser Regeln würde schlicht zur geistigen Enteignung und zur Zerstörung einer Kulturtradition führen, die in Düsseldorf einmalig ist. Den Text, aus dem gerade zitiert wurde, haben Künstler geschrieben, die sicher kaum etwas mehr verabscheuen als das Schild »Rasen betreten verboten«. Die jeden Zwang und jedes kleinmütige Regelwerk ablehnen. Die aber trotzdem sehr streng auf ihre »Personenvereinzelungsanlage« aufpassen müssen. Man merkt dem Text auf der Website an, wie sehr die Verfasser sich bei den Formulierungen gewunden haben. Dieser Text ist ein Vorbeischauen auf der Website des Malkastens ebenso wert wie der Garten selbst einen Besuch.

Weit weg und nahe dran

Wo man sich wundert, dass man in Düsseldorf ist: Kaiserswerth, Benrath, Himmelgeist, Formentera

Viele Düsseldorfer finden Düsseldorf ganz toll. Auch wenn sie selbst immer gern vom Dorf sprechen, sind sie im Großen und Ganzen recht zufrieden mit allem. Wenn man sie dann aber fragt, wo sie eigentlich am liebsten wohnen würden, sprechen sie plötzlich von einem ganz anderen Düsseldorf als jenem, das sie gerade noch so zufrieden gelobt haben. Nicht Oberkassel, Derendorf, Bilk, Pempelfort oder Stockum sind dann gefragt, sondern Orte, die irgendwie nach null Komma nix klingen. So etwas ist ein klarer Fall von Eingemeindungsflurschaden. Bis in die 30er-Jahre des vergangenen Jahrhunderts hinein hat die Stadt Kleinstädte unterschiedlicher Größenordnung entschlossen geschluckt. Ihren eigenständigen Charakter haben sie aber – zumindest äußerlich – kaum eingebüßt. Die Mustersiedlung auf diesem Gebiet ist sicher Kaiserswerth, weil sich hier die Beschaulichkeit einer mittelalterlichen Siedlung erhalten hat, zugleich aber die moderne

Infrastruktur einer selbstbewussten Gemeinde hinzugekommen ist. Kaiserswerth, deutlich älter als Düsseldorf, ist zu einem der beliebtesten Ausflugsziele der Gegend geworden. Die Hauptstraße des Ortes ist quicklebendig. Kein Wunder, dass auch die Einheimischen immer wieder von Sehnsucht nach dieser Straße heimgesucht werden. Hier kann man Spaziergänge unter alten Kastanien unternehmen, vorbei an der monumentalen Kaisersfesteruine; man kann in Kneipen einkehren, die zwischen Rhein und Marktplatz versteckt liegen, etwa in das Gasthaus »Im Ritter« (An Sankt Swidbert) mit seinem ebenso großzügigen wie stillen Biergarten; auch gibt es Restaurants in Hülle und Fülle und dazu viele schmale Straßen mit malerisch verwinkelten Ziegelhäusern. Um von den Radtouren am Rhein erst gar nicht zu sprechen. Und das alles bekommt man geboten, wenn man sich nur 20 Minuten Zeit nimmt, um von der Innenstadt aus mit der Straßenbahn hierherzufahren.

Kaiserswerth ist aber nur eines von diversen Düsseldorf-untypischen Refugien, die sich am Stadtrand unerwartet auftun. Eine weitere, noch um einiges ländlichere Variante ist Himmelgeist. Ein anderes Wort als Dorf wäre hier fehl am Platz. Ich habe immer mal wieder überlegt, aus wie vielen Straßen Himmelgeist eigentlich genau besteht. Ich kann mich bis heute nicht entscheiden, ob von zweien oder dreien auszugehen ist. Es ist nicht ganz eindeutig, wo die Grenze verläuft und ob man die Zählung erweitern muss, nachdem die Dorfhauptstraße eine enge Kurve beschrieben hat. Himmelgeist ist schon sehr klein, aber es hat ein schlichtes viereckiges Schloss und zwei Gastwirtschaften zu bieten. Dafür liegt es aber auch nicht direkt am Rhein. Eine schmale Straße, auf der hauptsächlich Spaziergänger entlangflanieren, führt vom Ortsende über Felder zum großen Fluss und damit zu der Anlegestelle einer Rheinfähre hinab. Links und rechts schließen sich Sandstrände an. Am Rhein führen einige Wege entlang, aber überlaufen ist diese stille Ecke Gott sei Dank nicht, obwohl sie von der Uni aus mit dem Auto in nicht mal zehn Minuten zu erreichen ist. Am schönsten sind die Spazierwege, die sich von einem weiten Wiesenareal mit Krüppelkiefern aus über die Felder winden. Ebenso abgeschieden wie Himmelgeist, wenn auch längst nicht so klein und verwunschen, ist nur noch Urdenbach, südlich von Benrath.

Aber darüber sollte man Benrath selbst nicht vergessen. Was Benrath auch sehr ärgern würde, und zu Recht. Denn die stolze Stadt Benrath hat sich einmal sehr dagegen gewehrt, ein vermeintlich kümmerlicher Anhang einer anderen Stadt zu werden. Das zeigt sich auch daran, dass Benrath als einziger Düsseldorfer Stadtteil noch eine eigene Lokalausgabe der *Rheinischen Post* besitzt: das *Benrather Tageblatt*, mit eigenem redaktionellen Teil. Da können Kaiserswerth, Derendorf und Gerresheim nicht mithalten. Lange jedoch war Benrath nicht mehr als ein Dorf, in dessen unmittelbarer Nähe ein Rokokoschloss gebaut und ein prächtiger Schlosspark angelegt worden war, sehr französisch übrigens, pfeilgerade, und zwar von 1756 an, im Auftrag des Kurfürsten Carl Theodor von Pfalz-Sulzbach. Benrath versank in seiner gewiss wohlverdienten rechtsrheinischen Dörflichkeit, bis es irgendwann von hauptsächlich Düsseldorfer Fabrikanten zu neuem Leben erweckt wurde. Diese errichteten nahe des Benrather Bahnhofs an der Strecke der Cöln-Mindener-Eisenbahn ihre Fabrikationsanlagen für die Eisenverarbeitung, und so wuchs Benrath schnell zu einer selbstbewussten Industriestadt mit stattlichen Gründerzeithäusern heran. Seine Bewohner widersetzten sich den Begehrlichkeiten der Düsseldorfer Stadterweiterer ebenso vehement wie erfolglos. 1929 verlor der Ort seine Selbstständigkeit, was man bis heute – außer an den entsprechenden Ortsschildern – gar nicht so richtig merkt. Nicht zuletzt durch die großen Industriebrachen, auch um das nördlich gelegene Reisholz herum, wirkt Benrath noch immer wie abgeschnitten, als bestünde zu Düsseldorf keine Verbindung. Und entsprechend treten die Benrather auch auf, die sich der 60 000-Einwohner-Stadt Hilden näher fühlen als Düsseldorf. Aber es hilft nichts: Das berühmte Benrather Schloss zählt eindeutig zu den Wahrzeichen Düsseldorfs, und zwar zu den berühmtesten.

Während es rund um Benrath, Kaiserswerth und Himmelgeist landschaftlich flach ist, kann Düsseldorf ein paar Ecken weiter auch bergig. Die bewaldeten Hügelketten des Niederbergischen bilden einen reizvollen Kontrast zum Stadtgebiet. Der Stadtteil Grafenberg ist besonders sonntags beliebt, auch bei jenen, die es sich nicht leisten können, dort zu wohnen. Der Rochus Club, der schickste Tennisklub der Landeshauptstadt, hat sich beispielsweise dort niedergelassen. Hier findet die jährliche Tennisweltmeisterschaft statt, der World Team Cup. Die Pferderennbahn ist auch gleich um die Ecke.

Was jetzt noch fehlt, ist jener Stadtteil Düsseldorfs, der am weitesten weg ist. Offiziell wird seine Aufnahme nie vollzogen werden, darüber wird die spanische Zentralregierung nicht mit sich reden lassen. Aber über seine faktisch längst vollzogene Eingemeindung besteht überhaupt kein Zweifel. Formentera, die balearische Insel neben

Mallorca, ist die Lieblingsinsel der Düsseldorfer. Vor allem solcher, die auf der Suche nach einer spirituellen Quelle bei den Religionen nicht fündig geworden sind und daraufhin diesen vom Meer umspülten Ort als ihre geistige Heimat auserwählt haben. Formentera ist zwar klein und liegt neben Mallorca. Das heißt aber noch lange nicht, dass es eine Art Mallorca im Kleinen darstellen würde.

Nein, Formentera hat nicht das Zeug zum Massentourismus, weil es über keinen eigenen Flughafen verfügt. Man reist in der Regel mit der Fähre von Ibiza aus an. Formentera liegt zwar näher als Mallorca, ist aber beschwerlicher zu erreichen: Man muss auf Ibiza vom Flughafen zum Hafen kommen und dort sein Gepäck eigenhändig auf die Fähre hieven. Auf Formentera selbst geht es dann vergleichsweise komfortabel weiter. Der Hauptort der Insel, Pujols, hat zwar weder viele Straßen noch sonderlich glamouröse Boutiquen, aber dafür führt von dort aus eine lange Straße in schnurgerader Linie über die ganze Insel, auch zu den weiter entfernten Stränden, wo es ein paar winzige Siedlungen gibt, und zu den im Wald verstreuten oder am Meer gelegenen Ferienhäusern. Formentera war einmal ein Hippietreff, so heißt es, und ein paar Cafés sind aus dieser Zeit noch erhalten. Die Vermarktung unzähliger Bungalows durch ein Düsseldorfer Reisebüro hat aber mittlerweile dazu geführt, dass die Insel auch für zahlkräftigere Gäste attraktiv geworden ist. Nicht unbedingt für die Schicken und die Reichen, aber auch nicht für die Ballermänner und die Pauschaltouristen. Die Düsseldorfer lieben Formentera, zumindest bestimmte Düsseldorfer. Vielleicht, weil an diesen südlichen Gestaden eine liebevoll kultivierte, einfache Rustikalität zu finden ist. Der Strand ist fein, das Wasser schimmert smaragdgrün, und es gibt ein paar dezent verstreute Restaurants. Richtigen Kluburlaub gibt es meines Wissens auf der Insel kaum, aber das ist auch nicht nötig, denn die ganze Insel ist ein Klub, und die Animateure kommen sämtlich aus Düsseldorf, Hilden, Haan oder Mettmann. Der schönste Augenblick ist gekommen, wenn der Pirata-Bus am Strand von Arenal auftaucht, der zwar an sich sehr malerisch ist, aber von einer großen Strandbude dominiert wird, welche den Strand und die Menschen mit dezenter Rockmusik überspült, wie in der Bacardi-Werbung. Dort gibt es auch Wein und Bier sowie die üblichen leckeren Tapas. Wer als Düsseldorfer seinen Weg nach Formentera findet, wird oft von anderen Düsseldorfern als Erstes gefragt, wie oft er schon da war. Die schönste Antwort lautet: Noch nie. Die zweitschönste: Erst ein einziges Mal. Dann quillt Entzücken aus den Mündern und Augen der Fragenden, denn sie können den Fremden aufnehmen in ihren Kreis und ihm die Wahrheit sagen über Formentera. Dieses wunderbare, einmalige Formentera. Die anderen sind nämlich alle mindestens schon zwanzigmal hiergewesen. Sie strahlen einen an wie einen Novizen, der kurz vor der Aufnahme ins Kloster steht, und sagen: Na, ist dat nit herrlesch? Ist dat nit wunderschön? Ist dat geil? Sogar beim Schwimmen – gern auch nackt – rufen sich die Erleuchteten zwischen zwei Atemzügen frenetisch zu: Ist das nicht irre? Ist das nicht toll? (Was ja alles stimmt, aber auch nicht falsch würde, wenn man es weniger oft zu hören bekäme ...)

Besser kann es nur noch werden, wenn die Strand-Düsseldorfer sich gemeinsam im »Indiana Café« in der kleinen Kneipenstraße in Pujols versammeln. Dort sitzen für gewöhnlich so viele Düsseldorfer, Hildener, Haaner etc. um einen herum, dass man meinen könnte, man hätte sich in die Düsseldorfer Altstadt verlaufen. Das »Indiana Café« wird seit vielen Jahren von einem Düsseldorfer betrieben, der früher auch immer zur Kirmes am Rhein anreiste, um im Schlüsselzelt Musik aufzulegen. Angeblich sollen dort immer viele Leute anzutreffen gewesen sein, die erst kurz zuvor auf Formentera gewesen waren. Mittlerweile gibt es allerdings auch einen Ableger der Kneipe in Düsseldorf, nämlich in der Neubrückstraße.

Schluss mit lustig

Zum Geleit:
Eine kurze Begegnung mit Franjo Pooth

Eine Zeit lang war der berühmteste aller lebenden Düsseldorfer Franjo Pooth, und vielleicht ist er es immer noch. Jedenfalls ist er genau der Typ von smartem Geschäftsmann, an den die Leute denken, wenn sie Düsseldorf hören. Auf Anhieb fällt ihnen dann die Kö ein, und sie fangen an, das bereits erwähnte Lied »Wärst du doch in Düsseldorf geblieben, schöner Playboy« vor sich hin zu summen.

Umso überraschter bin ich, als er mir in Düsseldorf rein zufällig plötzlich über den Weg läuft: Franjo Pooth sieht im wirklichen Leben noch viel besser aus als in der *Bunten* oder der *Bild-Zeitung*. Er hat eine blonde Stirnlocke, um die ihn sogar einige der wirklich schönen, gar nicht runtergemagerten Modells beneiden dürften. Franjo Pooth steht neben einem silbergrauen Hummer. (Das sind Autos, die ursprünglich als Panzer für den Wüstenkrieg gebaut wurden, für den Nahen Osten, Bagdad und die

Wüste, dann aber zu auffällig waren.) Franjo Pooth hat seinen Wagen auf dem großen Parkplatz vor dem reetgedeckten Haus seiner Eltern abgestellt. Das stattliche »Landhaus Mönchenwerth«, das ebenfalls seinen Eltern gehört, liegt nur ein paar Meter weiter am Rheinufer. Er trägt ein hellblaues Poloshirt und Bluejeans. Und er führt einen Hund an der Leine. Der Mann hat zu diesem Zeitpunkt gerade das eine Jahr hinter sich, das er hinter Gittern hätte verbringen müssen, wäre das Urteil nicht zur Bewährung ausgesetzt worden. Das Amtsgericht hatte ihn wegen Untreue, Bestechung im geschäftlichen Verkehr, Vorteilsgewährung und fahrlässiger Insolvenzverschleppung rechtskräftig verurteilt. Vorher war er in den Medien als Vorzeigeunternehmer gefeiert worden.

Und jetzt – ich komme gerade vom »Landhaus« – steht er plötzlich hier auf dem Parkplatz. Der kräftige Mann mit der feinen Sonnenbräune macht einen entspannten Eindruck. Ob er vielleicht einen Moment Zeit für ein paar Fragen hat.

Gerne! Warum nicht?

Franjo Pooth gebührt also das Schlusswort dieses Buchs, das viel von Klischees gehandelt hat, die über Düsseldorf im Umlauf sind, und von Vorurteilen, wie sie dieser Stadt aus Unkenntnis entgegengebracht werden.

Was hält denn eigentlich Franjo Pooth von Düsseldorf?

Er antwortet, ohne zu zögern.

Düsseldorf sei sicherlich die schönste Stadt am Rhein, wenn nicht die schönste Stadt Deutschlands. Und was sich da am Hafen abspiele, mit der neuen Architektur. Hervorragend. Viel Lebensqualität. Gute Struktur. Sauber. Nicht sehr groß. Übersichtlich. Tolle Gastronomie. Und was in Düsseldorf der Vorteil sei gegenüber Städten wie Berlin: Man kennt sich hier. Aber da sei er als Düsseldorfer natürlich ein wenig parteiisch.

Und die Düsseldorfer selbst?

Sehr ehrlich. Bodenständig. Sehr kontaktfreudig. Und immer ein Lächeln auf den Lippen. Wunderbare Menschen, sagt Franjo Pooth. Nur leider oft verkannt.

Franjo Pooth schaut unter dem strahlend blauen Himmel plötzlich recht ernst drein.

Wie meinen Sie das, Herr Pooth?

So sei das eben mit Düsseldorf. Pooths Lächeln ist verschwunden.

Andererseits, naja, da sei schon ein bisschen was dran, was immer gesagt würde.

Was denn?

»Mehr Schein als Sein«, erklärt Pooth. Er wirkt für einen Augenblick bekümmert. »Dieser Spruch: Mehr Schein als Sein. Das stimmt schon. Zumindest ein ganz kleines bisschen.«

Bereits erschienen:
Gebrauchsanweisung für...

Amerika
von Paul Watzlawick

Amsterdam
von Siggi Weidemann

Barcelona
von Merten Worthmann

Bayern
von Bruno Jonas

Berlin
von Jakob Hein

die Bretagne
von Jochen Schmidt

Brüssel und Flandern
von Siggi Weidemann

Budapest und Ungarn
von Viktor Iro

China
von Kai Strittmatter

Deutschland
von Wolfgang Koydl

Dresden
von Christine von Brühl

Düsseldorf
von Harald Hordych

die Eifel
von Jacques Berndorf

das Elsaß
von Rainer Stephan

England
von Heinz Ohff

Finnland
von Roman Schatz

Frankfurt am Main
von Constanze Kleis

Frankreich
von Johannes Willms

Freiburg und den Schwarzwald
von Jens Schäfer

den Gardasee
von Rainer Stephan

Genua und die Italienische Riviera
von Dorette Deutsch

Griechenland
von Martin Pristl

Hamburg
von Stefan Beuse

Indien
von Ilija Trojanow

Irland
von Ralf Sotscheck

Istanbul
von Kai Strittmatter

Italien
von Henning Klüver

Japan
von Andreas Neuenkirchen

Kalifornien
von Heinrich Wefing

Katalonien
von Michael Ebmeyer

Kathmandu und Nepal
**von Christian Kracht
und Eckhart Nickel**

Köln
von Reinhold Neven Du Mont

Leipzig
von Bernd-Lutz Lange

London
von Ronald Reng

Mallorca
von Wolfram Bickerich

Mecklenburg-
Vorpommern und die
Ostseebäder
von Ariane Grundies

Moskau
von Matthias Schepp

München
von Thomas Grasberger

Neapel und die
Amalfi-Küste
von Maria Carmen Morese

New York
von Verena Lueken

Niederbayern
von Teja Fiedler

Nizza und
die Côte d'Azur
von Jens Rosteck

Norwegen
von Ebba D. Drolshagen

Österreich
von Heinrich Steinfest

Paris
von Edmund White

Peking und Shanghai
von Adrian Geiges

Polen
von Radek Knapp

Portugal
von Eckhart Nickel

Rom
von Birgit Schönau

das Ruhrgebiet
von Peter Erik Hillenbach

Salzburg und
das Salzburger Land
von Adrian Seidelbast

Schottland
von Heinz Ohff

Schwaben
von Anton Hunger

Schweden
von Antje Rávic Strubel

die Schweiz
von Thomas Küng

Sizilien
von Constanze Neumann

Spanien
von Paul Ingendaay

Südafrika
von Elke Naters und Sven Lager

Südfrankreich
von Birgit Vanderbeke

Südtirol
von Reinhold Messner

Tibet
von Uli Franz

die Toskana
von Barbara Bronnen

Tschechien und Prag
von Jiří Gruša

die Türkei
von Iris Alanyali

Umbrien
von Patricia Clough

die USA
von Adriano Sack

den Vatikan
von Rainer Stephan

Venedig mit Palladio und
den Brenta-Villen
von Dorette Deutsch

Wien
von Monika Czernin